NOTICE HISTORIQUE

SUR

LA COMMANDERIE

DE

L'ORDRE TEUTONIQUE

A

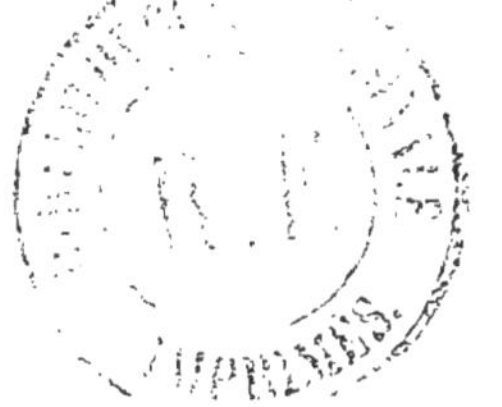

RIXHEIM

de 1235 à 1797

DEVENUE LA FABRIQUE DE PAPIERS PEINTS

DE

J. ZUBER & Cie

PAR

GUSTAVE GIDE

RIXHEIM
Imprimerie F. SUTTER & Cie
1897

NOTICE HISTORIQUE

SUR

LA COMMANDERIE

DE L'ORDRE TEUTONIQUE

A RIXHEIM

NOTICE HISTORIQUE

SUR

LA COMMANDERIE

DE

L'ORDRE TEUTONIQUE

A

RIXHEIM

de 1235 à 1797

DEVENUE LA FABRIQUE DE PAPIERS PEINTS

DE

J. ZUBER & Cie

PAR

GUSTAVE GIDE

RIXHEIM
IMPRIMERIE F. SUTTER & Cie
1897

APERÇU GÉNÉRAL

SUR

L'HISTOIRE DE L'ORDRE TEUTONIQUE

L'Ordre teutonique, à la fois religieux et militaire, joua un rôle des plus considérables dans l'histoire du Moyen-Age en particulier, et de la Chrétienté en général.

Vers le nord, l'Ordre fut un des boulevards avancés du christianisme, et par lui la civilisation pénétra dans toute la partie septentrionale de l'Allemagne. Après les célèbres confréries des Hospitaliers de Saint-Jean et des Templiers, l'Ordre teutonique occupa le premier rang. Son organisation tant militaire que religieuse offre même de nombreux points de ressemblance avec les premiers, ce qui a motivé chez bien des auteurs de graves confusions historiques.

On reporte la fondation de l'Ordre teutonique en Palestine vers la fin du douzième siècle (1190). D'après certains historiens dignes de foi, un hôpital semblable à celui de Saint-Jean avait été créé en 1128 à Jérusalem, sous l'invocation de la Vierge, pour servir spécialement aux croisés de la langue allemande, restés en Palestine [1].

1. Ils s'intitulaient alors *frères de Sainte-Marie* et suivaient la règle de Saint-Augustin.

Dans ces pays lointains de l'Orient, les maladies enlevaient plus de combattants du monde chrétien que les guerres incessantes contre les Infidèles, et le soldat allemand, qui était blessé et dont on ne comprenait pas généralement la langue, était certes le plus à plaindre, vu qu'il ne pouvait faire part à personne de son mal et de ses besoins. [1]

Pendant le mémorable siège de St-Jean d'Acre, quelques gentilshommes de Brême et de Lübeck (*alias* des marchands), qui étaient venus par mer pour trafiquer, furent touchés du triste état dans lequel se trouvaient leurs compatriotes, et, aux fins d'y remédier, établirent au milieu du camp des Croisés des ambulances couvertes avec les toiles de leurs vaisseaux pour y recevoir les Croisés allemands.

Les services rendus par cet hôpital improvisé furent assez importants pour qu'il attirât l'attention de Frédéric de Souabe, lequel, pour rendre cette fondation durable, la confia aux soins d'un ordre religieux et militaire que l'empereur Henri IV reconnut, et qui fut approuvé le 23 février 1192 par le pape Célestin III. L'Ordre teutonique était dès lors officiellement créé.

La règle présentée aux nouveaux chevaliers fut celle de St-Augustin ; quant à leurs statuts particuliers, dans tout ce qui regarde le service des pauvres et des malades, ils furent semblables à ceux que suivaient, presque depuis plus d'un siècle déjà les chevaliers de Saint-Jean. En ce qui concerne la discipline militaire, elle fut celle des Tem-

1. Hist. des Hospit. de St-Jean, t. 1, p. 260, abbé de Vertat. Paris, 1757.

pliers. C'est à partir de 1192 que l'Ordre figura sous le nom de Maison teutonique de Ste-Marie de Jérusalem.[1]

Les nouveaux chevaliers, conscients des services qu'on attendait d'eux, travaillèrent avec tant d'abnégation et déployèrent tant de bravoure que l'empereur Frédéric accorda à l'un des premiers grands-maîtres de l'Ordre, Hermann de Salza ou Henri de Waldpott,[2] le droit de joindre aux armes de la confrérie l'aigle impérial; et Saint-Louis, pour leur prouver sa déférence, autorisa leur quatrième grand-maître Conrad, landgrave de la Thuringe, à porter les fleurs de lys de France à l'extrémité de la croix blanche[3].

Mais, insensiblement la lourde main de la Destinée s'appesantit sur les Chrétiens de l'Orient; ils perdirent Saint-Jean d'Acre, ce qui força les chevaliers teutoniques à se retirer en Europe, où la faveur des papes et des empereurs d'Allemagne leur procura des terres et de nombreux privilèges. Les chevaliers de l'Ordre acquérirent en guerroyant, en toute souveraineté, ce qui devait devenir la Prusse royale et ducale, la Livonie et le duché de Courlandes. Lorsque plus tard les Infidèles se furent emparés des principales places fortes du royaume de Jérusalem, ceux d'entre les chevaliers de l'Ordre teutonique qui restaient encore dans ce pays, quittèrent la Terre-Sainte et gagnèrent la Prusse et la Livonie, pays sur lequel l'Ordre avait droit d'entière souveraineté.

1. Certains auteurs du dix-huitième siècle prétendent au contraire que ce nom leur fut donné, parce que, à l'époque où Jérusalem était sous la domination latine, un Allemand y fit élever à ses frais un hospice et un oratoire sous l'invocation de la Vierge Marie.

2. Extract aus einer Beschreibung des Hoh. Teutsch. Orden und deren königlich. chur-erzherzogl. rittermäs. Häuser undt Geschlecht, aus welcher Personen gedachten Ritterordens einverleibt erfunden haben. (Ursprung p. 489).

3. Hist. des Ordres religieux, t. III, p 144, chez J.-B. Coignard, imprim. du Roy, rue St-Jacques. Paris 1721.

En 1237 la puissance territoriale et matérielle de l'Ordre avait été sensiblement augmentée par sa fusion avec celui des Porte-Glaive, lesquels avaient conquis la Livonie antérieurement à l'arrivée des chevaliers teutoniques.

Mais parmi les membres de ce dernier Ordre régnait depuis la défaite et la mort de leur grand-maître Foulques une anarchie complète, Herman Balk, commandeur de l'Ordre teutonique, sut à cette époque, grâce à ses capacités militaires et colonisatrices, conduire les expéditions avec tant de tact et de modération qu'en peu d'années les populations furent pacifiées et soumises à la domination de l'Ordre. Malheureusement Balk mourut en 1239, et ses successeurs négligèrent de suivre son exemple et frappèrent leurs nouveaux sujets de tant d'impôts que ces derniers se révoltèrent et joignirent leurs armes à celles du duc de Poméranie qui venait de déclarer ouvertement la guerre à l'Ordre. Cet incident fit retomber les Prussiens dans le paganisme et tout ce qui avait été fait pour leur conversion fut totalemeut perdu. Vainqueurs et vaincus à tour de rôle, les chevaliers ne virent qu'en 1270, sous Conrad de Thierberg, la victoire ramenée sous leurs étendards.

Vers la fin du treizième siècle les frontières des possessions de l'Ordre étaient assez restreintes; en effet elles se limitaient à la Prusse proprement dite, ce qui obligea la confrérie à concentrer toutes ses forces dans ce pays, à nommer un « Landtmeister » ou commandeur général, et des provinciaux auxquels furent confiés la défense et l'entretien des villes et châteaux-forts de ses seigneuries. — Le grand-maître de l'Ordre, Hartmann de Heldringen, résidait en 1283 à Venise. Mais dans la suite Siegfried de Feuchtwangen, trouvant que sa résidence était trop isolée en Italie, la transféra, en 1309, au château de Marienbourg, construit en 1274 par Jeannot de Sangershausen et qui offrait le grand avantage d'être situé au centre des pays encore soumis à l'Ordre. —

Au commencement du quatorzième siècle la puissance des chevaliers était arrivée à son apogée, car dans la suite une longue période de décadence succéda à cette prospérité ; et, lorsqu'en 1410 Vladislas Jagellon, roi de Pologne, attaqua les chevaliers avec des forces considérables, il les défit facilement à la bataille de Tannenberg où tombèrent avec le grand-maître Olry de Jungingen la fleur des défenseurs de l'Ordre. Heureusement pour ce dernier, des circonstances imprévues ne permirent pas au roi de Pologne de rendre sa victoire complète par la destruction des forts de l'Ordre, et le forcèrent à regagner précipitammment ses Etats, ce qui empècha la chute totale de celui-ci.

La sanglante bataille de Tannenberg avait porté un coup terrible à la puissance de l'Ordre, qui ne parvint plus à se relever entièrement et se trouva dans la situation déplorable, réduit qu'il fut, d'accepter les dures conditions du traité de paix de Thorn, imposées par Casimir IV de Pologne. Par ce traité l'Ordre cédait au vainqueur plus de la moitié de ses domaines, ce qui forçait Louis d'Erlichhausen à transférer, en 1467, sa résidence à Kœnigsberg.

Et, comme si les défaites successives que l'Ordre avait subies dans le courant du quinzième siècle et qui lui avaient enlevé une grande partie de sa force et de son prestige ne lui suffisaient pas, les doctrines de Jean Huss, ce précurseur de la Réforme en Allemagne, vinrent porter un nouveau coup à son organisation déjà compromise et chancelante; et lorsque, en 1511, Albert de Brandebourg fut appelé à diriger la confrérie, un grand nombre de chevaliers avaient déjà en principe admis les idées, il est vrai encore très vaguement ébauchés, de la Réforme.

D'un tempérament hardi et entreprenant, Albert ne tarda pas à se déclarer ouvertement en fervent adepte de la nouvelle confession. Les conséquences de cette abjuration furent la sécularisation de la Prusse dont le grand-maître se déclara souverain après avoir été nommé, le 10 avril 1525, à Cracovie, prince laïque ressortant du royaume de Pologne. — Avec Albert de Brandebourg un grand nombre de chevaliers passèrent au luthérianisme, en récompense ils furent investis des charges féodales du nouveau royaume et formèrent ainsi une catégorie de l'Ordre, très différente de celle qui était restée fidèle aux statuts de la confrérie et à l'Eglise. — La chute de l'Ordre paraissait dès lors imminente, quand le roi très catholique, Charles V, le prit sous sa haute protection, en faisant nommer à la diète d'Augsbourg, un nouveau grand-maître, Walther de Kromberg, et transféra le siège de la « Landmeisterei » au château de Neuhausen, lequel était bâti sur la montagne du Kitzberg située non loin de Mergentheim, place qui fut, en 1538, admise au nombre des Etats de Franconie [1].

Cette scission de l'Ordre mit pour ainsi dire fin à son existence politique, toutefois la confrérie continua de subsister en Basse-Allemagne, grâce aux revenus de quarante milles carrés de terres qu'elle y possédait.

1. Dict. géogr. Laurent Eschard. Did t, quai des Augustins. A la Bible d'Or. Paris, 1759.

Au dix-septième et dix-huitième siècles l'Ordre teutonique était partagé en douze provinces, savoir :

l'Alsace et la Bourgogne,
le pays de Coblenz,
le pays d'Etsch,

dites de « la juridiction de Prusse » et celles de :

la Franconie,
la Hesse,
le pays de Biesen,
la Westphalie,
la Lorraine,
la Thuringe,
la Saxe
et le pays d'Utrecht,

dites « de la juridiction d'Allemagne ».

Ces provinces, qui portaient également la dénomination de « bailliages » ou de « Balleyen » étaient à leur tour subdivisées en « commanderies » ou « Comthureyen » que dirigeaient des commandeurs, lesquels se trouvaient soumis sans exception à l'autorité du provincial ou « Balleyführer », nommé à cette charge par rang d'ancienneté. Quant au commandement suprême de de l'Ordre, il appartenait au grand-maître. Celui-ci, au point de vue politique, était considéré comme prince de l'Empire et occupait dans la hiérarchie ecclésiastique une situation intermédiaire entre celles d'un évêque et d'un archevêque.

En 1801, les trois bailliages, situés sur la rive gauche du Rhin, furent, par suite de la tourmente révolutionnaire de 1793, cédés à la France, et lorsque, en 1805, fut signée la paix de Presbourg, l'empereur François II d'Autriche se réserva le droit exclusif de disposer des dignités de l'Ordre, droit aboli en pays français, mais qui continua de subsister en Autriche jusqu'à nos jours. Toutefois, même dans ce dernier empire, en raison même de la transformation des mœurs, le titre de Chevalier a subi des modifications telles qu'il n'est plus qu'une décoration honorifique, accordée moyennant 760 florins à ceux d'entre la noblesse qui peuvent prouver seize quartiers du côté de leurs ascendants.

CATÉGORIES OU CLASSES DE CHEVALIERS

Les chevaliers de l'Ordre teutonique étaient, comme les Hospitaliers de Saint-Jean, divisés en quatre classes distinctes.

1. *Les chevaliers proprement dits ou « Ritterbrüder ».*

Ceux-ci devaient avant tout appartenir à la plus haute noblesse et être d'origine allemande, car toute autre nationalité était exclue.

Leur costume consistait en un habit noir par dessus lequel était jeté un manteau blanc, flanqué du côté gauche d'une croix noire un peu patée et ourlée d'argent, il descendait jusqu'à mi-jambes. Le port de la barbe était facultatif[1]. Les dignitaires se reconnaissaient des simples chevaliers par un manteau de même couleur, mais beau-

1. « Anstatt des geistlichen Habit sollten sie tragen einen weissen mantel « mit dem schwarzen creutz, darunter aber einen schwarzen Rock, lange bärten möchten sie auch haben, ausgenommen die Priester welche auch allein « zu des Tageszeiten so man « horas canonicas » nennt verbunden sein ».
(Ritter. Ord. des Hosp. U. L. Frauen zu Jerusalem. Teutsch. länd. Dr Jost. Casp. Venator., p. 7, Nürnberg 1680.)

coup plus long et qui leur tombait jusque sur les chaussures[1]. Toutefois les chevaliers et les grands dignitaires de l'Ordre, outre le costume que nous venons de décrire, avaient également le droit quand ils étaient « *Domherren* » ou encore « *Kilchherren* », soit chanoines ou collaborateurs, de porter les ornements qui figurent les attributions ecclésiastiques dont ils jouissaient; ce qui amena entre Blumberg, archevêque de Riga, — lequel se refusait à reconnaître ce privilège aux chevaliers — et le grand-maître de l'Ordre des contestations qui furent portées, en 1394, aux pieds du souverain pontife. Le pape Urbain V, peu favorable à la confrérie, se prononça en faveur de l'archevêque, mais l'Ordre ne s'inclina pas devant le verdict du saint-Siège ; en effet les chevaliers refusèrent catégoriquement de se plier à la volonté pontificale et continuèrent à porter les ornements comme par le passé. Quant au titre que devait porter tout chevalier, il était celui de « Bruder » ou de frère en Jésus-Christ. Mais lorsqu'ils devinrent riches et puissants ce titre, qui leur était octroyé par les statuts, ne flatta plus suffisamment leur amour-propre et leur vanité, et ils voulurent prendre celui de « Herr » ou seigneur qui était exclusif à la noblesse laïque et aux dignitaires de l'Eglise. Zöllner de Rodenstein, leur grand-maître s'était bien opposé à cette dérogation des règles de l'Ordre, mais ce fut en vain, et l'indiscipline de ses chevaliers était telle et si générale qu'en fin de compte il dut céder, et le titre de « Herr » tant envié fut, dans un chapitre général tenu en 1391, reconnu comme faisant partie intégrante des pri-

1. Histoire des Ordres relig., t. 3, dessin n° 168. Abbé Ginstiani et le P. Bornani.

vilèges des chevaliers appartenant aux deux premières classes de la confrérie.[1]

2° Les chapelains ou « Priesterbrüder. »

Les chapelains portaient le même costume que les chevaliers de première classe, à l'exception du port de la barbe qui leur était formellement interdit. Leurs occupations différaient de celles des chevaliers, car ils avaient à se soumettre à la stricte observation des règles de l'Ordre, à exhorter les chevaliers aux pratiques de la religion, à administrer les saints Sacrements et à aplanir à titre de médiateurs les nombreuses difficultés qui ne pouvaient manquer de surgir entre des chevaliers de mœurs et de caractères si différents. Aux heures canoniques les chapelains seuls avaient à réciter les prières prescrites. En un mot ils étaient les clercs de l'Ordre.

Un point les faisait surtout différer des chevaliers de première classe, c'est que l'on était bien moins exigeant pour eux, en ce qui concernait leurs titres de noblesse héréditaire[2].

3° Les frères desservants ou « Graumäntler ».

Ceux-ci étaient considérés comme appartenant à une classe inférieure de l'Ordre et représentaient en quelque sorte la domesticité de la confrérie. Leurs fonctions étaient celles d'écuyer en temps de guerre et d'infirmier en temps de paix. Leur costume distinctif se composait d'un manteau gris foncé, très court, flanqué d'une croix noire sans les ourlés d'argent.

1. Geschichte des Hoh. Teutsch. Ord, III. Theil, p. 188, 190.
2. Antiquus liber Regularum et Statuorum. Gründlicher Bericht. Dr C. Venator.

4° *Les novices ou « Aspiranten »*.

En entrant comme novices dans la confrérie, les jeunes gens avaient au préalable à déclarer à quelle catégorie de chevaliers ils désiraient appartenir. Ils avaient à payer à leur entrée une certaine somme d'argent dite « d'admission » qui était très élevée pour les deux premières classes et relativement minime pour la troisième.

Suivant un règlement trouvé dans les archives de l'Ordre à Rixheim, les aspirants-chevaliers de première classe avaient à verser [1] :

1°	A la caisse du bailliage pour frais de réception	500 Flor.
2°	A la même, pour les statuts de l'Ordre	200 »
3°	A la caisse de la grande maîtrise	100 »
4°	Pour la table de la commanderie où l'aspirant avait suivi les catéchumènes et fait son noviciat . .	300 »
5°	Pour celle de la grande maîtrise	100 »
6°	Pour la domesticité	50 »
7°	Pour le cheval sans harnachement	150 »
8°	Pour le repas de réception . . .	200 »
9°	Pour les frais de chancellerie . .	24 »
10°	Pour l'offrande	6 »
	Soit en tout . . .	1530 flor.

Ce qui fait en monnaie de France L. 3825.

1. Was ein in den hohen Teutschen Ritter Orden aufgenommenen werdender Aspirant zum Ritter Schlag gelangender Cavalier an Kosten zu prestiren hat. Anno 1720.
(Lit. A. n° 3. Fonds. Ord. teut. Rixh. Arch. Ht-Rhin.)

Cette somme, qui en 1720 était relativement énorme, était de beaucoup moins forte que celle versée aux quinzième et seizième siècles, époques auxquelles les habitudes de luxe et de dépense s'étaient tellement généralisées parmi les chevaliers, qu'un synode capitulaire tenu à Marienbourg en 1405, dût défendre sous peine d'exclusion de la confrérie :

1° A un simple chevalier d'entretenir plus de dix chevaux.

2° A un commandeur plus de cent chevaux pour lui et sa suite[1].

Une coutume, ou plus justement une règle intérieure établissait que les repas devaient être pris en commun par les chevaliers des deux premières classes. Ceux de la troisième les prenaient à part. Cette distinction caractéristique se faisait même sentir pour cette dernière classe jusque dans les cérémonies d'enterrement et les célébrations des anniversaires[2].

Voici par exemple les rites qui présidaient à ces cérémonies :

Pour les enterrements et la célébration des anniversaires funèbres, le cercueil, contenant les restes mortels d'un chevalier, ou un catafalque, était déposé dans la chapelle après avoir été au préalable recouvert d'un drap mortuaire noir avec la croix blanche de l'Ordre dans le milieu. Pour le chevalier laïque on y déposait l'épée et les éperons du défunt et pour le chevalier clerc un calice. Quant au cortège funèbre, il était pour les deux premiers

1. Gesch. des geistl. Ritt. Teutsch. Ord. 3. Theil, p. 190.
2. Fonds. Com. Rixh. Liasse A. n° H. Arch. Ht-Rhin.

précédé de l'étendard de l'Ordre aux côtés duquel marchaient deux chevaliers l'épée nue en main.

Pour un enterrement de chevalier desservant, le défunt était conduit à sa dernière demeure par les frères de sa catégorie seulement et sans les emblêmes de la chevalerie en général et ceux de la confrérie en particulier.

ARMES ET SCEAUX DE L'ORDRE.

Les armes de la confrérie étaient : « Croix blanche pâtée d'argent portant l'aigle impérial et les fleurs de lys de France[1] ».

Il paraît y avoir eu deux sceaux. Celui primitivement en usage représentait la fuite en Egypte, soit la Vierge portant l'enfant Jésus sur ses bras et montée sur une ânesse conduite par Saint-Joseph. Dans la deuxième moitié du treizième siècle un autre sceau lui fit substitué ; il y figurait un évêque assis et auprès de lui la Vierge portant Jésus sur ses bras.

1. Dessin des armes de l'Ordre teutonique en Prusse. Hist. des Ordres de chevalerie, par Hermant, p. 122. Rouen 1698.

LA COMMANDERIE

DE

RIXHEIM

PREMIÈRE PARTIE

ORIGINE ET DÉVELOPPEMENT

L'Histoire de la commanderie de Rixheim doit être partagée en trois périodes très distinctes, savoir :

Première Période (1235-1527)

1235 est la date officielle de l'existence des chevaliers de l'Ordre teutonique à Mulhouse en tant que personnalité militaire et civile, par le fait de la fondation d'un « Düng-hof » ou ferme colongère à Rixheim. Cette période va jusqu'à l'introduction de la religion dite « Réformée » à Mulhouse et la vente de la collation de l'église de Saint Etienne aux adeptes de la nouvelle confession de foi en 1527.

Deuxième Période (1527-1660)

Celle-ci va de l'introduction de la Réforme, laquelle, en diminuant la puissance numérique et le prestige de l'Ordre à Mulhouse qui est encore habité par les chevaliers, jusqu'au transfert des catéchumènes de la confrérie à Rixheim, lequel village devient après la guerre de Trente-Ans le lieu de résidence préféré des chevaliers et dignitaires de l'Ordre ; cette nouvelle situation n'amène toutefois aucune modification à l'ancien « Dünghof » établi audit lieu.

Troisième Période (1660-1797)

Cette période comprend la série des années qui s'écoulèrent depuis le transfert définitif, en 1660, de la commanderie de Mulhouse à Rixheim, la reconstruction et l'agrandissement du « Dünghof » et sa transformation en commanderie principale, en 1737, jusqu'à la Révolution qui sécularise les biens de l'Ordre et les fait vendre comme biens nationaux.

Première Période (1235-1527)

I. *La fondation domaniale à Rixheim.*

L'établissement des chevaliers de l'Ordre teutonique en Alsace remonte à la fin du douzième siècle, et dès les premières années du treizième sa prospérité s'affirme. L'historien Henri Pétry assure que leur apparition eut lieu à Mulhouse en l'an 1190, tandis que dans les annales colmariennes on les cite pour la première fois en 1212[1]. Il est à présumer que cette dernière date est la plus vraisemblable, car à Mulhouse la première mention officielle de l'Ordre, dans un document porte la date de 1235 ; c'est un acte concernant une transaction entre les bourgeois de Mulhouse et les chevaliers teutoniques relative à l'emplacement d'un moulin qui fut cédé aux premiers moyennant le versement de 42 marcs d'argent. Il est facilement admissible que la munificence de l'empereur Henri VII avait doté les chevaliers de cet Ordre de vastes propriétés provenant des biens allodiaux des Staufen, biens qui étaient situés tant à Mulhouse que dans toute la Haute et Basse-Alsace. Pour donner plus d'extension à cette confrérie essentiellement allemande, l'empereur Frédéric l'exonéra à son tour des charges et corvées dues à l'empire et la dota de privilèges importants[2].

1. Annales colmarienses prædicatorum. Colmar, Vve Decker, 1854.
2. Entwickelung Mulh. als Reichsstadt, Dr A. Kaufmann. Mulh. 1892.

L'Ordre teutonique, comblé de faveurs surtout territoriales et politiques, fonda en Alsace, c'est-à-dire à Mulhouse, Roufach, Strasbourg, Andlau et Kaysersberg des maisons qui furent réunies au bailliage dit d'Alsace et de Bourgogne et confiées à des chevaliers issus des meilleures et plus anciennes familles d'Alsace. — Une preuve de la grande considération dont jouissait l'Ordre à cette époque, ressort du fait que Conrad Wernher de Hadstatt, lequel avait été nommé landvogt de la Haute-Alsace par Rodolphe de Habsbourg et avait épousé la fille du comte Ulrich Ier de Ferrette n'hésita pas à entrer dans la confrérie en 1267[1]. L'exemple du noble Wernher de Hadstatt fut suivi plus tard par les Eptingen, les Dietrich, les Hagenbach, les Kempf d'Angreth, les Marstallen, les Reutner de Weyl, les Reinach, les Ruest, les Stetten, les Schauenbourg, les Schœnau, les Trüchsess de Rheinfelden, les Waldner de Freundstein et les Wessemberg, pour ne nommer que ceux-ci, qui représentaient l'élite de la puissance féodale en pays d'Alsace.

Les apports faits par tous ces riches chevaliers augmentèrent considérablement les revenus de l'Ordre, lequel se vit obligé, dès le treizième siècle, pour pouvoir remiser les rentes en nature, de construire sur différents domaines des « *grangiæ* » ou granges (entrepôts et magasins) destinées à la remise et à la conservation des denrées les plus diverses. La commanderie de Mulhouse

1. L'admission dans l'Ordre teutonique de chevaliers mariés était pratiquée pendant toute la durée des treizième et quatorzième siècles. Toutefois une distinction existait entre ceux-ci et les chevaliers proprement dits ; car ceux mariés ne portaient pas la croix blanche sur leur manteau, ce qui explique en quelque sorte l'absence des emblèmes de l'Ordre sur des pierres tombales de chevaliers de ces époques.

(L'Ordre teut. en France, par H. d'Arbois. Paris, Dumoulins, 1871.)

qui était l'une des plus importantes de l'Ordre et possédait de vastes propriétés aux environs de la ville, dut certainement fonder peu de temps après son établissement en cette ville un « Dünghof » ou ferme colongère à Rixheim. Le motif pour lequel les chevaliers choisirent ce village de préférence à tout autre lieu ne nous est pas connu ; néanmoins il est à supposer qu'ils s'y établirent parce que le village dont la première citation remonte à l'an 823 était très important à cette époque lointaine et représentait pour ainsi dire le centre de leurs propriétés situées dans cette partie de la Haute-Alsace. Le village de Rixheim, qui faisait partie de l'apanage des Habsbourg, était compris dans les territoires dits « Ottmarsheimische Güter » et traversé par la route de Bâle à Strasbourg. Du reste, l'importance de ce village est encore constatée par l'existence dès les années les plus reculées audit lieu d'établissements et de propriétés féodaux appartenant à des maisons religieuses et à des familles nobles laïques.

Au nombre des premières et en quelque sorte au premier rang se trouvait la commanderie de l'Ordre teutonique à Mulhouse qui possédait à titre de « Grundherrschaft » de vastes propriétés à Rixheim, Riedisheim, Habsheim et alentours, ce qui explique l'établissement d'une colonge à Rixheim même. Le « Dünghofslehn » était le plus ancien bail usité dans notre province aux temps féodaux. Par ce contrat un propriétaire répartissait entre plusieurs personnes un corps de biens ordinairement très considérable en se réservant un canon annuel uniforme et modique. Le droit colonger avait, en outre, un caractère distinctif très curieux, qui consistait à pouvoir concéder aux preneurs colongers la faculté de tenir sous la présidence du bailleur ou de son représentant, des assises pour y juger eux-mêmes les différends, surgissant entre bailleur et preneurs colongers. Cette justice était une sorte d'arbitrage qui avait pris son origine dans la prédilection que les anciens Germains avaient d'être jugés par leurs pairs plutôt que par leurs supérieurs et juges ordinaires. La colonge était donc le siège juridique ou « Gerichtsstätte » du seigneur terrier et représentait dans toute l'acception du mot la puissance féodale, de laquelle ressortaient en second lieu les « huber » ou locataires détenant, par les reprises du bail colonger, des « Hubhöf » ou fermes. Comme propriétés appartenant à une colonge pouvaient être considérés, non seulement les exploitations rurales ou les récoltes, mais aussi les cens, dîmes, poules, banvin et collations ecclésiastiques.

La première mention de l'existence d'un établissement avec exploitation rurale des chevaliers de l'Ordre teutonique à Rixheim (lequel, comme nous l'avons dit, devait exister dès les premières années du treizième siècle) ne remonte pas au-delà des années 1346 et 1352, dates auxquelles le « Commenthurherengüet » est cité comme devant posséder dans la banlieue de Rixheim, en la section dite « Isenrain » des champs qui étaient limités de différents côtés par les propriétés du noble Jean de Buttwiller, des couvents de Saint-Léonard et de Gnadenthal à Bâle, et en dernier lieu touchant à un pré appartenant à la maison des dames d'Ottmarsheim[1]. Vers la fin du quatorzième siècle ils sont également cités comme codécimateurs d'un pressoir banal situé audit lieu, lequel ap-

1. Generalia n° 2, p. 11 ; liasse H, fonds Ord. Teut. Mulh. Arch. Ht-Rhin.

partenait par moitié à l'Ordre teutonique d'une part et aux hospitaliers de Saint-Jean à Mulhouse, à Berthelin de Wunneberg et à son frère Olry d'autre part.

Il est difficile de préciser le nom que portait le « Dünghof » à cette époque lointaine soit par exemple en 1343; toutefois nous croyons pouvoir affirmer sans nous tromper qu'il était alors connu sous le nom de « Gotteshaus sancti Leodegarii in Richsen », dénomination que Trouillat, tome III, page 812, traduit par « couvent de Saint-Léger à Rixheim », terme dont on se servait pour le distinguer des autres métairies laïques existant dans la même localité. Cela nous paraît d'autant plus vraisemblable que les revenus de l'église du village, qui avait pour patron saint Léger, et les bâtiments eux-mêmes appartenaient à l'Ordre teutonique qui les détenait à titre de collateur immédiat; leurs droits leur furent même confirmés dans la suite par une bulle du pape Clément VI signée à Avignon en 1349.

II. *Des droits et prérogatives.*

L'Ordre teutonique à Mulhouse y compris le « Dünghof » de Rixheim avec ses dépendances jouissait dès son établissement de trois prérogatives importantes et qui représentaient des droits régaliens dont les empereurs s'étaient désistés en faveur des chevaliers. Ceux-ci consistaient :

1° Dans le droit d'asile, lequel était attaché à tous leurs établissements, cures et chapelenies.

2° Dans l'exonération de tous les impôts, tels que droits d'entrée ou de sortie, gabelle, charges et impositions régaliennes, urbaines ou féodales.

3° Dans le droit perpétuel reconnu à la maison de l'Ordre à Mulhouse avec toutes ses dépendances de couper dans les forêts domaniales de la Hart, tout le bois de chauffage nécessaire à son usage et de prélever pour son compte toutes les amendes forestières infligées dans toutes les forêts subrogées à ce privilège de l'Ordre.

Mais, de ces trois privilèges le premier seul était sans restriction, quant aux deux autres ils donnèrent matière à contestations, particulièrement le second, qui concernait les exonérations féodales et urbaines ; il n'était valable que tant qu'il s'agissait d'impositions immédiates prélevées dans les territoires soumis directement à l'Empire. Ainsi, lorsqu'il s'agissait de co-seigneurie ou de droits détenus par des villes libres ayant des privilèges particuliers, les privilèges de l'Ordre teutonique étaient par ce fait même réduits à néant. Cette situation des chevaliers est mise en relief par les différends qui surgirent entre la confrérie et les gens de Mulhouse lors de la guerre des Armagnacs en 1470, époque à laquelle le Dünghof à Rixheim n'offrant plus assez de sécurité, les denrées appartenant à la maison de Mulhouse durent être transportées à Roufach, mais non sans avoir été au préalable frappées des droits de sortie au tarif des douanes de Mulhouse. Les chevaliers protestèrent énergiquement contre cette mesure, prise par les gens de Mulhouse, qu'ils estimaient arbitraire comme une violation de leurs droits et privilèges imprescriptibles et portèrent la cause par-devant le tribunal aulique de Rottweil. Celui-ci se prononça en faveur des gens de Mulhouse, lesquels se virent par ce fait même confirmés dans leurs droits antérieurs. L'Ordre à Mulhouse était donc non seulement sujet à l'application des droits de péage, mais encore à la prestation et aux impositions militaires tant pour la ville que pour l'empire, car ils durent, suivant la convention de la Diète de Nuremberg, fournir en 1481 à Frédéric III sept chevaux et six hommes, et de même en 1515, pendant la guerre des Confédérés contre le roi de France, ils durent fournir au contingent mulhousien un cheval, un demi chariot et cinq hommes d'armes.

III. *Le Dünghof de Rixheim.*

Quant au Dünghof de Rixheim, le premier livre terrier que nous possédions, le cite jusque dans ses moindres détails à la date de 1414. Il consistait d'après les données authentiques en un bâtiment ouvert, c'est-à-dire sans être entouré d'une enceinte et était situé au milieu de jardins, de prés et de vignes lui appartenant. La situation topographique du domaine nous est précisée d'une manière très nette, car nous savons qu'il touchait d'un côté au « Habsheimerweg » et de l'autre était entouré par le « Tutschherrenguot » lui-même[1]. En outre le dos s'étendait en montant vers l'église du village jusqu'au « Gerichtshaus » ou la maison commune actuelle, comprenait également les jardins loués à Moritz Wilhelm, lesquels touchaient à la métairie des Zu Rhein donnant sur le « Gemeindplatz » d'un côté et de l'autre à la « Freystross » qui conduisait directement à la « Freyehofstette ». Cette dernière faisait partie intégrante du « Dünghof » et fut connue plus tard, après la reconstruction des bâtiments,

1. « Der Dünghof ist ein offen hüss, litt ouch neben dem Tutschherenguot heisset den Widenacker undt by dem Habsheimerweg ».
(Doc. inéd., liasse H. n° 1., fonds O. T. Mulh. Arch. Ht-Rh.)

sous le nom de « alte Commenthurey [1] ». La colonge était administrée par un « meyger » ou régisseur qui était le mandataire immédiat de l'Ordre dont il avait à défendre les intérêts et à faire rentrer les revenus en nature et en espèces. Dix grandes fermes ou « Hubhöfe » dépendaient du Dünghof et étaient selon les stipulations du bail colonger louées à des « Huber »[2]. A chacune de ces fermes était reconnue une certaine portion de terres soigneusement stipulées et mentionnées dans des actes officiels aux fins d'empêcher toute usurpation de la part des fermiers colongers. Par la nomenclature de ces terres on peut se faire une idée de la richesse de l'Ordre et du grand nombre des propriétés nobles héréditaires situées au village de Rixheim, ce qui ne peut que nous affermir encore davantage dans l'idée préconçue que nous avons émise plus haut que ledit village et tous les environs avaient été formés par le morcellement des propriétés des Staufen, lesquelles furent allouées et cédées par les empereurs, soit à leurs partisans, soit encore à des confréries que leur foi religieuse commandait de soutenir. L'Ordre teutonique était du nombre de ces dernières et avait été tout particulièrement favorisé dans la distribution des bénéfices et des terres, car à ses propriétés furent joints encore tous les immeubles faisant partie des anciens lits de justice dits « Kaiserkammer » situés au ban de Rixheim et auxquels aboutissait le « Schelmenpfad » ou

1. Die Vogt und geschworene undt Gemeint ze Richsen gevent jerlich 10 β undt 11 hüner vom hüss undt Hof so der bürger odter Gerichtshüss ist, undt ist gelegenn: einsit nebent der freystross, andersit neben Moritz Wilhelmsgarten der ouch Tütschherenguet ist, stosst hinten uff Heinrich Karcher so Ze Rin guet ist uff dem Platz.

(Urbarium 1576. Liasse H nº 2, fonds Ord teut. Mulh. Arch. Ht Rhin.)

2. Dies sint die Güter des Dünghofs der Tutschheren den zu hant in Richessin, etc . .

(Urbar. 1414. Liasse H nº 4, fonds. Ord. teut. Mulh. Arch. Ht-Rhin.)

sentier des criminels, qui venait directement de Landser, ce qui nous rappelle involontairement la domination franque.

Quant au réservoir qui desservait le Dünghof principal, il était alimenté par des conduites ou « Brunnendeuchel » situés au village d'Escholtzheim dans un pré qui touchait d'un côté à Michel Rösler et de l'autre à Wernher Rebholz et était attenant par derrière aux propriétés détenues locativement par Hans Berlandt, régisseur de la cour des religieux de Lucelle à Mulhouse[1]. Outre l'eau potable qui était conduite, comme on vient de le voir, artificiellement au « Dünghof » l'Ordre avait encore un autre « Wasserrecht » qui consistait dans le droit qu'il avait de prendre l'eau dans le Dorfweyer et de la conduire par le moyen d'un petit canal jusqu'à l'étang ou « Fischweyer » située dans les prés entourant le bâtiment principal[2].

Le premier Hubhof était, en 1414, situé entre la métairie des nobles de Morimont et Haberman le vieux et placé tout-à-fait vis-à-vis du bâtiment du Dünghof principal. Le Huber en était Heintzin Graf. Quant aux terres y appartenant elles étaient sises entre le « Rinderweg » *alias* « Viehweg » et le Dünghof d'un côté et la « Sant Steffansgrube » qui donnait sur le « Sausheimerweg » de l'autre.

Le deuxième Hubhof relevait de Martin Ulin, sur lequel nous ne possédons aucune mention spéciale.

1. Andersit nebent Hans Berlands so ouch Lutzelguet meyger ist, stosst hinten uff die Brunnendeucheln so das Tütschherrenguët innehat.
(Urbar, Liasse H. n° 2, fonds. Ord. teut. Mulh. Arch. Ht-Rhin.)

2. Actes concernant les différents droits de l'Ordre teut. à Rixh 2 Par t. Lit. X n° 1. H. n° 4, fonds Odre teut. Rixh. Arch. Ht-Rhin.

Le troisième Hubhof était placé aux côtés immédiats du Dünghof, et géré par Heineman Wintze, régisseur de la métairie des Hospitaliers de Saint-Jean à Mulhouse, lesquels étaient eux-mêmes preneurs colongers de l'Ordre teutonique auquel ils avaient à payer une redevance annuelle de 7 Batz et de 11 poules. La situation de la ferme de l'Ordre de Saint-Jean à côté de celle des chevaliers teutoniques explique en quelque sorte la part que les premiers avaient au pressoir banal, lequel était situé dans les bâtiments appartenant à Saint-Jean, mais relevant de la cour colongère à laquelle ils touchaient, et qui tous les ans avait à verser aux mêmes Hospitaliers avant tout autre décimateur 6 mesures de vin rouge à prendre sur le banvin[1]. Les terres de culture étaient situées entre le chemin d'Ottmarsheim dit « Altweg » et le Habsheimerweg.

Le quatrième avait comme fermier principal Cuntz Soder, lequel avait fait ses reprises de Heintzin Ochsenstein, économe des nobles de Morimont, lesquels avaient ajouté les bâtiments et terrains de ce Hubhof aux leurs et payaient de ce chef à l'Ordre teutonique une redevance annuelle de 2 quartauts, 2 bichettes d'avoine et 2 bichettes de lentilles.

Le cinquième était le plus important et était détenu par plusieurs fermiers qui s'en étaient partagés les terres. Ils étaient: Heineman Regelin, Heintzin Cleinman, son frère Cuntz, et Clevin Wintze son beau-frère et frère de Heineman Wintze, huber de la troisième métairie.

Le sixième Hubhof consistait en une maison située

1. « Undt ouch den sant Johannes Commanderey zu Mulhusen 6 Ohmen Rotwein im v raus am Richenzer Weinzehendt.

(Generalia, p. 22. Lias. H. n° 2, fonds. Ord. teut. Rixh. Arch. Ht-Rhin.)

dans la partie du village dite « Oberdorf » et sis à côté de l'immeuble appartenant à Heintzin Arbeiter. Le fermier dont le nom n'est pas donné, possédait assez de propriétés personnelles ce qui fit ajouter les terrains de ce Hubhof à la cinquième métairie et explique le nombre des co-propriétaires ou détenteurs de cette dernière.

Le septième était exploité par Clewin Romer et représentait une vaste propriété sise « uff der Bach bey Escholtzweiler im Richsemer ban » laquelle touchait d'un côté aux héritiers de Heintzin Weltin et de l'autre aux religieux de Lucelle.

Le huitième avait pour fermier le meyger ou économe de la métairie des nobles de Zu Rhein à Dornach, laquelle ressortait elle-même de l'Ordre comme appartenant à la rente censière connue sous le nom de « Kilchwartshubhof » qui appartenait à l'église Saint-Léger à Rixheim. Ce Hubhof était situé au fond du « Spielweg » et à côté de la cour des Zu Rhein dite « Zerinerhof ». Elle payait à ladite prébende annuellement 9 réseaux, 21 bichettes moitié seigle et moitié avoine et 9 bichettes de lentilles.

Le neuvième fermier était Henin Bolin qui avait comme sous-locataire Heintzin Pfaffenheim. Ce Hubhof touchait d'un côté au « Spielweg » et de l'autre aux nobles de Morimont; son tenancier était redevable à l'Ordre de 2 boisseaux d'avoine et de 2 bichettes de lentilles.

Le dixième Huber était Clewin Schmitt, sans autres indications.

Quant aux revenus en espèces monnayées, ils étaient payés principalement par des maisons religieuses et des familles nobles. La totalité de ces rentes s'élevait selon un urbaire du quinzième siècle à :

2 liv. st. 4 ß. 7 deniers et 2 poules[1].

desquels VII ß à payer par les Hospitaliers de Saint-Jean qui devaient encore d'après l'urbaire de 1414 quelques arriérés,[2] et XIV ß par les nobles des Zu Rhein de Dornach.

Outre ces nombreux fermiers, un certain nombre de bourgeois de Mulhouse tels que Hanns et Clewin Brustlin, les Hyltüch, Hofer, Klebsattel et autres payaient à l'Ordre des rentes variant de VII à X ß pour des parcelles de terrains situés dans la banlieue de Rixheim et non réunis en fermage.

IV. *Les obligations des fermiers.*

Les reprises d'un Hubhof se faisaient toujours officiellement, c'est-à-dire pardevant le ministère public qui figurait à cette époque sous le nom de « Stab ou de Richter zu Richessen ». Ce tribunal était composé en 1420 de:

Lorentz Essig qui siégeait comme juge, et de:

Heinrich Beck,
Clausen Hauwinger,
Walther Burgfälder,
Clausen Fromann,
Clausen Träger,
Heinrich Zimbermann,

1. Sans compter les nombreuses redevances en nature que payaient les « Hüber » ou autres détenteurs des biens de l'Ordre, les droits mortuaires de banvin et de gabelle etc. Voir p. 28 et 31.

2. Undt ouch noch VII ß von die sant Johannser wegen dass sy lange nie nüt geben habenn.
(Zehendbuch. Liasse nº 1. H, fonds. Ord. teut. Mulh. Arch. Ht-Rhin.)

Hüglin de Walch,
Heintzin Müsslin,
Adam Fröschlin
Cunrad König,

tous membres jurés du tribunal au droit de Rixheim et bourgeois notables audit lieu[1]. Dans chacune des transactions de ce genre il était chaque fois stipulé en dehors des conditions d'usage « que le droit colonger de l'Ordre teutonique à Rixheim était représenté à l'état permanent par l'existence d'un Dünghof, lequel se réservait la faculté, dans le cas où les fermiers négligeaient la culture des terres à eux cédées, de le faire par lui selon nécessité[2]. La gestion du Dünghof se faisait selon les stipulations dictées par le « Hubrecht » ou droit colonger qui figurait au « Dünghofberein », lequel outre les conditions spéciales de location, contenait encore un aperçu général des droits politiques, civils et religieux de la confrérie. Ainsi, à chaque changement de fermier, le nouvel arrivant avait en premier lieu à prêter pardevant le tribunal de Rixheim, le serment d'obéissance aux dignitaires de l'Ordre représentés généralement par le « Frater Secretarius » ou chancelier de la Maison de Mulhouse. Ce serment auquel était attaché une très grande importance, résumait en dehors des conditions usuelles et économiques du bail, auxquelles nous ne voulons pas nous arrêter, cinq paragraphes qui méritent une attention spéciale, car ils nous donnent une idée aussi nette que précise de l'or-

1. Zehendbuch. Liasse n° 1. H, fonds Ord. teut. Rixh. (Arch. Ht-Rhin.)

2. « Es ist zu wissen wenn der Tutschherren dünghofsgüet nitt gebauwen « were, so mögent die Tütschherren undt ouch deren Huber ein Hof ziehen « undt bauwenn daz notdürftig ist ».

(Doc. inéd. Liasse n° 1. H, fonds. Ord. teut. Mulh. Arch. Ht-Rhin.)

ganisation et du fonctionnement du Dünghof de Rixheim à cette époque.

Au § 1 [1], il est dit: « Le Dünghof de Rixheim a le droit d'asile absolu et représente une terre inviolable. Cela nous démontre que l'Ordre tenait avant tout à sauvegarder et à maintenir l'inviolabilité de ses cours. Le droit d'asile, par lequel l'Eglise protégeait les faibles et les opprimés contre l'injustice des grands, seigneurs et mandataires de la haute noblesse, au Moyen-Age, s'étendait comme on va le voir plus loin, non seulement au Dünghof principal ou résidence du régisseur, mais aussi à tous les « Hubhöfe » ou autres propriétés, dépendant de l'Ordre à un titre quelconque.

« Quand, dit le § 2, un malfaiteur ou une personne « quelconque, qu'elle soit innocente ou coupable, est « poursuivie par un prévôt, un homme d'arme, un noble « ou un roturier, un homme libre ou un manant, et qu'il « cherche un refuge dans un Hubhof ou une propriété « quelconque ressortant de l'Ordre, soit que les lieux de « refuge soient maisons fortes ou non, défense absolue « est faite soit au fermier, à ses mandataires ou encore « aux domestiques à son service, de livrer le malheureux « ou le coupable sous quelque prétexte que ce soit aux « demandeurs ou à ceux qui le poursuivent ».

Le § 3 complète encore les conditions du droit d'asile imposé aux fermiers ressortant de la colonge, en leur imposant de secourir et de contribuer à la fuite des réfugiés. « Si un Huber ou fermier, stipule ce paragraphe, n'a pas « les moyens d'entretenir ou de conserver assez long- « temps, celui qui s'est réfugié chez lui, il devra éviter de

1. « Es ist zu wissen daz der Tütschherrendünghof zu Richessen die Hof- » freyheit hat undt ist ouch eine freye Hofstette ».

« le laisser ou faire prendre, et aura à faciliter sa fuite « (à la nuit tombante seulement) de tout son pouvoir et « à bon escient ».

Quant au § 4, il édicte des peines sévères contre les auteurs des infractions et tend à empêcher les fermiers d'abuser de leur situation à titre de mandataires de l'Ordre.

« Toute contravention aux stipulations et conditions « édictées dans le Hubrecht et concernant le droit d'asile « dit le § 4, sera considérée comme un attentat aux pri- « vilèges et aux statuts de la communauté, et permettra « à l'Ordre de se saisir du coupable et de le punir selon « la rigueur des lois, « an sin lib undt guët » soit dans « sa personne ou dans ses biens [1].

Le § 5 qui est d'une nature bien différente aux quatre précédents a exclusivement trait à un privilège ecclésiastique commun à un grand nombre de maisons monastiques et qui consistait dans le droit reconnu à ces Ordres de prendre après le décès d'un de leurs fermiers le meilleur vêtement du défunt. Tel droit était aussi celui des détenteurs de la colonge de Rixheim, car le § 5 dit d'une manière fort explicite :

« Lorsque trépasse un Huber ou fermier, les grands « dignitaires de l'Ordre, soit le provincial, le comman- « deur ou ses mandataires, ou encore toute autre per- « sonne qui pourra prouver par des lettres de créance « ses droits de propriété sur un Hubhof ou autre dépen- « dance du Dünghof aura le droit incontestable de « prendre le meilleur vêtement du décédé, lequel objet « sera susceptible d'être racheté par ses héritiers moyen-

1. Dünghofberein XVe siècle. Liasse n° 1. H, fonds. Ord. teut. Mulh. Arch. du Ht-Rhin.

« nant le versement immédiat de 5 liv. st. valeur de Bâle « en espèces monnayées [1].

V. *Des privilèges locaux de l'Ordre.*

En dehors des droits que nous venons d'énoncer et qui rentraient dans les attributions immédiates relevant de la cour colongère, l'Ordre teutonique audit lieu de Rixheim jouissait de douze privilèges locaux qui avaient force de loi.

Ces droits, comme nous pouvons les appeler, existaient depuis des temps immémoriaux et suscitèrent maintes fois des conflits très sérieux et des difficultés sans nombre entre l'Ordre et les communaux du village de Rixheim. L'un des derniers différends, porté pardevant les mandataires du roi de France, fut définitivement réglé le 25 août 1699 par un arrêt du bailli de Sa Majesté à Landser, le sieur Jean Christophe de Stadion, lequel avait fait comparaître par-devant lui à cet effet Hartmann de Hallwyl, commandeur de l'Ordre à Beuken, Joachim de Bubendorf, commandeur de la maison de Mulhouse, et Jean-Henri de Schynach, commandeur de l'Ordre teutonique à Roufach d'une part, et le prévot et les échevins de la commune de Rixheim d'autre part.

Dans cette réunion il fut décidé d'un commun accord que les droits de la commanderie à Rixheim seraient comme antérieurement, les suivants:

1. Ouch hat der Dünghof das Recht wann ein Huber stirbet, daz der Balley odter der Commenthur odter ein Wahlman odter der von der landtcommenthur emfohlen ist, der dessen Dünghof besitzet fürderlichst, der solle nemen das best Schöpf odter das best gewant daz derselb Huber gelossen hat, daz derselb man wieder lösen kann von den Dünghofherren mit V Pfunt Basler Wehrung in Geldt.

(Zehendbuch und Dünghofberein. Liasse n° 1. H, fonds. Ord. teut. Mulh. Arch. du Ht-Rhin.)

Article 1er. Droit revenant à l'Ordre de recevoir dans ses caves les acheteurs, sans que ses vins soient soumis au « Weinschlag » ou taxe obligatoire fixée tous les ans à Rixheim du 15 au 20 novembre.

Art. 2. Obligation incombant à la commune de Rixheim de fournir les briques, les tuiles, la chaux et le plâtre nécessaires soit à la construction ou à l'entretien des bâtiments de la Commanderie.

Art. 3. Droit d'irrigation ou « Wässerungsrecht » reconnu à la Commanderie, laquelle avait à entretenir gratuitement un taureau, un étalon et un verrat.

Art. 4. Droit appartenant à l'Ordre de nommer à son gré les dîmeurs audit Rixheim.

Art. 5. Obligation incombant à la commune de Rixheim de faire garder à vue par des ban-gardes les terres et récoltes censitiques et décimables relevant de la Commanderie.

Art. 6. Obligation imposée aux habitants du village de Rixheim, sans en excepter qui que ce soit, d'entretenir à leurs propres frais, et sans qu'aucun refus puisse être élevé de leur part, des personnes appartenant à l'Ordre ou recommandées comme telles par le Commandeur.

Art. 7. Obligation à tous les fidèles ressortant de la collation de l'église Saint-Léger à Rixheim, et de son annexe de Riedisheim, de porter l'étendard de l'Ordre aux processions autour de l'église ou à travers la banlieue.

Art. 8. Droit de préséance reconnu d'office aux chevaliers aux réunions de la fabrique de l'église et aux places du chœur, sous lequel un caveau devait être construit, destiné à contenir leur dépouille mortelle[1].

1. Toutefois ils n'en avaient pas encore, car l'autorisation formelle de construire un caveau ne fut accordée à l'Ordre que par une ordonnance du Con-

Art. 9. Exemption pour les chiens de la Commanderie d'être muselés et maintenus à la chaîne.

Art. 10. Obligation au boucher du village d'avoir à fournir à la maison de l'Ordre à Rixheim des viandes de toute première qualité et à des prix modérés.

Art. 11. Droit revenant à la Commanderie de prendre au « Dorfweyer » toute l'eau nécessaire à l'alimentation de la piscine[1].

Art. 12. Droit reconnu aux chevaliers de percevoir le dixième des droits de péage au tarif de Landser sur toutes les denrées vendues au marché tenu tous les ans le mercredi de Pâques audit Rixheim[2].

VI. *Obligations locales de l'Ordre.*

Par contre la Commanderie qui, comme on vient de le voir, jouissait au village de Rixheim de nombreux privilèges locaux, et surtout de l'exonération des impôts communaux, avait à porter des charges d'une autre nature et devait à l'évêque de Bâle comme administrateur diocésain :

1° La redevance annuelle dite « bannalium ».

2° La redevance annuelle dite « cathedralium ».

3° La redevance annuelle dite « contributio ad seminarum » ou subvention destinée à l'entretien des catéchumènes pour former les prêtres séculiers du diocèse.

seil souverain d'Alsace datée de l'an 1776. — Les frais de construction de ce caveau en dessous du chœur de l'église Saint-Léger à Rixheim coûta à l'Ordre 2400 liv. st. monnaie de Bâle.

(Lit. A. n° 3. H. Fonds. Ordr. teut. Rixh. Arch. Ht-Rhin.)

1. (2ᵉ Part. Liasse H. n° 4. Lit. X. Fonds Ord. teut. Rixh. Arch. du Ht-Rhin.)

2. Item uff die Ostermittwoch haben die von Richessen ab dem was zu Markt geführet der zehend den Tutschenherren zu gebenn.

(General. Fonds Ord. teut. Rixh. Arch. Ht-Rhin.)

4° La redevance annuelle dite « contributio charitum » ou somme à verser à la caisse des pauvres du diocèse.

En outre 5° Obligation incombant à l'Ordre de faire tous les mois aux pauvres de la paroisse des distributions de pain et de vin[1].

Les chevaliers de l'Ordre teutonique, riches et considérés comme ils l'étaient, refusèrent plusieurs fois dans le courant du seizième siècle de payer à l'évêque de Bâle les contributions pour les catéchumènes et les pauvres du diocèse, alléguant chaque fois qu'ils n'étaient nullement sujets à ces deux impositions « attendu, disaient-ils, que les droits ecclésiastiques des évêques de Bâle, quoiqu'immédiats, ne s'étendaient que sur les curés, vicaires ou prêtres séculiers des paroisses, mais nullement sur des détenteurs de cures ou sur des collateurs appartenant à leur Ordre, comme tel était le cas à Rixheim et à Knöringen. Mais les évêques tinrent bon et, en 1625, la question en litige ayant été portée pardevant le tribunal aulique, ce dernier se basant sur les stipulations du concile de Trente, donna gain de cause à l'évêque et force fut aux chevaliers, à partir de cette époque, d'acquitter leurs prestations sans formuler des réclamations[2].

VII. *Les conséquences du traité de paix de Thorn.*

Parmi les établissements de l'Ordre situés dans le bailliage d'Alsace et de Bourgogne, celui de Mulhouse

1. « Undt ouch deren Rixheimerarmen monathlich von Commenthurwegen « abzugegebenen Brot und Wein ahlmosen ».
(Urb. L. n° 2. H. Fonds Ord. teut. Rixh. Arch. H-Rhin)

2. Minute en pap. vid. signé Wilhelm episcop. Basil. 1625. Lit. A. n° 7. Fonds Ord. teut. Rixh. Arch. Ht-Rhin.

avec son annexe de Rixheim était l'un des plus prospères. Mais la fortune elle-même n'a qu'un temps et, vers la fin du quinzième siècle, l'Ordre teutonique en Allemagne dut subir des revers qui le mirent à deux doigts de sa perte. Sa situation devint tellement précaire que les immenses revenus des différents bailliages ne purent même plus suffire à son entretien. — Cet état de choses et le grand besoin d'argent qu'avaient les chevaliers à cette époque difficile pour eux forcèrent les princes les plus puissants de l'Allemagne à intervenir. Ce fut alors que Thierry, archevêque de Mayence, dût, le jour de la Vierge, en l'an 1457, sur la supplique à lui adressée par Louis d'Erlichhausen, alors grand-maître de l'Ordre, supplique apostillée par Frédéric, comte palatin, Frédéric de Saxe, et Frédéric, margrave de Brandebourg, mander au nom de l'empire à tous les magnats d'Alsace, tant ecclésiastiques que laïques, de venir matériellement en aide à la confrérie, « laquelle, disait-il, était à peu près ruinée par suite des guerres désastreuses contre le roi de Pologne, et se trouvait dans une situation des plus pénibles[1] ». De leur côté les différentes maisons de l'Ordre ne restèrent pas inactives et battirent monnaie de tout ce qu'elles purent. C'est ainsi que la Commanderie de Mulhouse céda en 1458 aux communaux de Rixheim les droits qu'elle détenait sur la ferme banale dite « Birmannshof » située dans l'« Oberdorf » moyennant le versement en espèces monnayées de 8250 liv. st. valeur de Bâle[2]; et, l'année suivante, soit en 1459, la ville de Mulhouse s'exonéra d'une redevance annuelle de 4 liv. st. ressortant de la collation

1. (Lettre s. pap. adressée le jour de Vierge 1457 par Thierry, archev. de Mayence à l'abbé de Murbach. sans sceau ni lemnisques. Bibl. Colm.)

2. Generalia Lias. H. Fonds. Ord. teut. Rixh. Annotat. vid. portant la date 1749 à la rubrique Birmannshof. (Arch. du Ht-Rhin.)

de l'église Saint-Etienne moyennant une somme fixe de 100 liv. st. de Bâle au comptant. La situation de l'Ordre devait être à cette époque bien critique, car le chef de la chrétienté s'en émut lui-même, et, pour contribuer de son côté au relèvement des revenus de la confrérie et attirer sur elle la générosité des fidèles, lança en 1458 deux bulles défendant formellement aux prêtres séculiers de construire, d'ériger ou de consacrer des autels dans toutes les paroisses, cures ou chapellenies ressortant de l'Ordre teutonique sans le consentement de ce dernier, « attendu, y est-il dit, que la faveur de dire la messe et de vaquer aux cérémonies du culte et aux pratiques de la religion dans ces sanctuaires appartient aux chevaliers de l'Ordre exclusivement ». L'évêque de Bâle lui-même, quoique les relations entre son chapitre et la confrérie fussent loin d'être amicales, abandonna les revenus des dispenses du vendredi et jours de jeûne au village de Rixheim en faveur des chevaliers de l'Ordre[1].

Toutefois les efforts faits de part et d'autre n'aboutirent à aucun résultat sensible, car l'humiliante paix de Thorn, en enlevant à l'Ordre la plus grande partie de ses domaines, diminua considérablement sa puissance, et força en 1467 le Grand-Maître Louis d'Erlichhausen à transférer sa résidence à Kœnigsberg. C'est à partir de cette époque que l'on vit les maisons de l'Ordre en Alsace, par l'affluence de chevaliers venant du Nord, devenir plus fortes et plus importantes, numériquement.

La Commanderie de Mulhouse se releva, paraît-il, rapidement des sacrifices considérables qu'elle avait dû

1. Einahme des dispensiones von hisiger Commenthurey Rixheim wegen zu Fastenzeit an gewöhnlichen Tagen das Fleisch speisen zu dürfen.
(Generalia. Liasse. H. n° 2, p 46. Fonds Ord. teut. Rixh. Arch. du Ht-Rhin.)

consentir pour la communauté allemande, tant à Mulhouse, Rixheim et alentours, et la grande considération dont elle avait joui ne devait pas d'être amoindrie, car, lorsque dans les dernières années du quinzième siècle, le duc de Lorraine et sa suite passèrent par la ville de Mulhouse, pour se rendre à Berne, ils s'y arrêtèrent et ce furent les chevaliers de l'Ordre teutonique à qui revint l'insigne honneur de les héberger.

Leur arbitrage même était très recherché, et lorsque, en 1471, survinrent les difficultés entre le duc de Bourgogne et les gens de Mulhouse, lesquels refusaient conformément à leurs droits et privilèges, de comparaître pardevant le tribunal de Rixheim, présidé par le grand-bailli et ses conseillers, ce furent les chevaliers de l'Ordre teutonique, qui avaient eu beaucoup à se plaindre des exactions commises par les troupes bourguignonnes, et, desquelles ils s'étaient plaints en haut lieu, qui s'entremirent pour obtenir avec succès un arrangement à l'amiable, ce qui força le plaignant, Jean de Rixheim, à se désister de sa plainte.

L'intérêt marqué que les chevaliers de l'Ordre teutonique portaient à la ville de Mulhouse et aux gens de Rixheim était assez compréhensible, car à titre de collateurs des deux églises Saint-Etienne et Saint-Léger, ils touchaient d'importants revenus que la prospérité matérielle des deux agglomérations ne pouvait que faire augmenter. Aussi dans bien des cas, et principalement à des époques antérieures à la Réforme, nous voyons l'Ordre payer de fortes prestations sans réclamer. Tel fut le cas, au commencement du seizième siècle, pendant la période des troubles qui précédèrent l'introduction de la nouvelle doctrine à Mulhouse, circonstances pendant la durée desquelles la maison de Mulhouse dût livrer deux hommes armés pour le service d'ordre en ville. La preuve la plus probante du relèvement de l'Ordre dans la province d'Alsace, est dans ce fait que le bailliage fit, en 1513, l'acquisition de la seigneurie et du village de Fessenheim moyennant la forte somme de 42 000 liv. st. de Bâle.

Mais déjà grondait au loin un orage qui, en éclatant, devait changer la situation de la maison à Mulhouse au profit du « Dünghof » de Rixheim, destiné à la remplacer en partie au siècle suivant. Par la tourmente religieuse la nouvelle doctrine fut amenée à Mulhouse où elle prit facilement racine et se développa au point qu'en 1523 la ville pouvait déjà être considérée comme un des piliers du protestantisme en Allemagne; et quand, en 1525, Albert de Brandebourg, alors Grand-Maître de l'Ordre, se fut soustrait du giron de l'Eglise catholique et romaine, en se déclarant ouvertement adepte de la Réforme, les chevaliers craignant de subir le sort qui faillit atteindre dans le courant de l'année précitée les religieux de Lucelle[1], n'hésitèrent pas, le 23 décembre 1527, à céder aux gens de Mulhouse la collation qu'ils détenaient sur l'église Saint-Etienne. Cette vente eut lieu moyennant 600 florins au profit de l'Ordre teutonique, lequel se réserva la cure de Riedisheim qui fut réunie à titre d'annexe ecclésiastique à la collation de l'église Saint-Léger à Rixheim. — Par cet acte, la gloire de l'Eglise venait, pour la dernière fois, d'éclairer l'horizon de la vieille cité de Mulhouse.

1. En 1525 un groupe de bourgeois de Mulhouse se réunirent à la tribu des maréchaux pour y souper en attendant des renforts venant de Rixheim, avec lesquels ils voulaient livrer au pillage la cour de Lucelle à Mulhouse. Mais la fermeté du Magistrat les empêcha de mettre leur projet à exécution.

LISTE CHRONOLOGIQUE

DES COMMANDEURS ET DES CHEVALIERS DE LA MAISON DE MULHOUSE

dans le cours de la première Période

1293. — Pierre Pfaff, Command. O. T., Mulhouse.
1295. — Id.
1297. — Egloff de Landsberg, chev. O. T., Mulhouse.
1299. — Bruno Wernher, Command. O. T., Mulhouse.
1299. — Rudolphe de Rhinfelden, procureur et cheval. O. T., Mulhouse.
1347. — Ulrich Pfunt, chev. O. T., Mulhouse.
1352. — Jacques de Reinach, Com. O. T., Mulhouse.
1370. — Berthold de Wessemberg, Com. O. T., Mulh.
1375. — Vincent de Bubenberg, chev. O. T., Mulhouse.
1379. — Conrad de Steinphen, Com. O. T., Mulhouse.
1380. — Jean de Nollingen, Com. O. T., Mulhouse.
1388. — Hermann de Rottenstein, Com. O. T., Mulh.
1402. — Jean de Bydrich, Com. O. T., Mulhouse.
1408-1416. — François d'Arlesheim, Com. O. T., Mulh.
1427-1429. — Pierre de Hirtzbach, Com. O. T., Mulh.
1435. — Pantaléon de Herdegk, vice-Com. O. T., Mulh.
1440. — Bourcart de Thierberg, Com. O. T., Mulhouse.
1441. — Frat Werner, cheval. O. T., Mulhouse.
1446. — Eberhard de Stetten, Com. O. T., Mulhouse.
1450. — Jean Sellator de Francfort, Com. O. T., Mulh.
1452. — Rudolf Ellhart, chev. et procureur O. T., Mulh. Passa Command. à Roufach, en 1465-1468.

1453. — Bourcart de Schœllenberg, Com. O. T., Mulh. Passa Grand-Com. de l'O. T. en Alsace et Bourgogne.

Avant 1459. — Truchsess de Rheinfelden, Com. O. T., Mulhouse.

Avant 14. . . — Le noble de Hornlingen, Com. O. T., Mulhouse.

Avant 14. . . — Jean de Schüll, Com. O. T., Mulhouse.

1462. — Rodolphe de Hohenratberg, Com. O. T., Mulhouse, et dans la suite Grand-Com. de l'O. en Alsace et en Bourgogne.

1462. — Nicolas Barner, chev. et procureur de l'O. T., Mulhouse.

1469. — Rodolphe de Friesingen, Com. à Suntheim, Com. intérimaire à Mulhouse.

1480. — Barthélemy Koch, chev. O. T., Mulhouse.

1492-1498. — Georges de Hombourg, Com. O. T., Mulhouse.

1499. — Rodolphe d'Andlau, Com. O. T., Mulhouse.

1502. — Jean d'Offenbourg, Com. O. T., Mulhouse.

1504-1508. — Georges de Hombourg, Com. O. T., Mulhouse. — Passa après Com. à Bürken, de 1508-1517.

1508. — Leonard Schmitt, chev. et procur. de l'O. T., Mulhouse.

1514-1517. — Sebastien de Stetten, Com. O. T., Mulh.

1522. — Georges d'Andlau, Com. O. T., Mulhouse[1].

1 Nous n'avons pas la prétention de donner la liste complète des commandeurs et chevaliers de l'Ordre ; le peu de matériaux existant en Alsace, ne nous ayant pas permis d'étendre plus nos recherches dans cette voie.

DEUXIÈME PARTIE

Deuxième Période (1527-1660)

I. *L'Ordre et la Réforme.*

Les premières années de la seconde période, tout en nous signalant encore l'existence de l'ancien Dünghof sans changements notables à Rixheim, sont très obscures. Il faut attribuer cet effacement aux crises religieuses que traversait alors non seulement l'Ordre, mais la Société toute entière; crise qui devait modifier si profondément les mœurs politiques et sociales de l'Europe.

L'Ordre teutonique, dont les fondations reposaient surtout sur la religion catholique, devait être tout particulièrement ébranlé, puisque c'est la religion elle-même qui menaçait de sombrer. En effet, c'est surtout en Allemagne que le catholicisme reçut les coups les plus funestes, et l'Ordre qui en était une émanation, devait être entraîné dans sa ruine. N'était-il pas essentiellement allemand? Et celui-là même qui devait le sauvegarder, le protéger de sa Foi irréductible, Albert de Brandebourg, Grand-Maître de l'Ordre teutonique, allait donner l'exemple de la défection en abjurant la religion de ses ancêtres pour embrasser la Foi nouvelle [1]. Cet exemple suivi par

1. Par lui l'Ordre fut dépouillé de ses territoires qui passèrent en partie sous la domination de Sigismond, roi de Pologne, lequel concéda à Albert de Brandebourg, son neveu, le titre de duc héréditaire de Prusse. L'abjuration de sa foi était la condition de sa nouvelle fortune. C. f. La Chevalerie, par P. Lacroix. Paris, 1886.

bon nombre de ses lieutenants ne pouvait manquer de jeter le désarroi dans les rangs, provoquer des désertions nombreuses et avec elles entraîner la dissolution de l'Ordre tout entier. Les intérêts matériels suivaient les intérêts moraux qui devenaient contraires. C'était l'anarchie.

Il fallut la main de fer de Charles-Quint pour sauver l'Ordre teutonique, en groupant les troupes débandées autour d'un chef nouveau, Walther de Kronberg.

Elu Grand-Maître de l'Ordre, celui-ci rallia les chevaliers restés fidèles et se consacra à restaurer l'Ordre, à rétablir la discipline, et à reconstituer les ressources grâce auxquelles l'activité et avec elle la prospérité allaient pouvoir renaître.

En Alsace même les intérêts matériels de l'Ordre ne paraissent pas avoir trop souffert de la crise. Il semble que les chevaliers se sont renfermés dans une attitude d'expectative. Quelques rares transactions passées par Georges d'Andlau, Commandeur de la maison de Mulhouse et habitant en cette ville, les unes, portant la date de 1570, et les autres celle de 1574, nous apprennent que le Dünghof était encore à cette époque régi par le « meyger » Peter Jecklin, qui avait ajouté aux vastes propriétés de la confrérie à Rixheim, un lot de terrains situés entre les deux villages d'Erscholtzheim et de Rixheim, et sis entre la rue dite « Sant-Michelsgassen » appartenant au premier et le « Fistling » au second villages. Ce nouveau lot avait été concédé à l'Ordre par le seigneur Georges Tegelin de Wangen, grand-bailli à Landser, en vertu d'un contrat passé en 1574 pardevant Carolus Leuttich, tabellion, en résidence à Landser, lequel était assisté en cette occasion du prévôt Nicolas et des échevins Andreas Schuomacher, Hans Frölich, Michael Künig, Frantz Baltazar, Sebastian Burner, Matheus Keifflin, Mathias Hirtz, Diebolt Müller, Heinrich Jaeck, Claus Schæffer, Lienhart Memmer, et Weltin Schultheiss, tous bourgeois audit Rixheim[1].

Par la force des événements les rapports des chevaliers de l'Ordre teutonique avec les gens de Mulhouse, devenaient de jour en jour plus tendus et respiraient moins de cordialité, tant par la diversité des opinions religieuses, que par le peu d'intérêt spirituel que la confrérie avait encore en cette ville. Mais, par contre, les liens se reserraient d'avantage avec les pays catholiques de la Régence et notamment avec le village de Rixheim, qui relevait alors de la seigneurie de Landser, dont les mandataires étaient peu favorables aux communaux de Mulhouse, et avaient déjà en 1564 défendu expressement à leurs ressortissants, toute relation commerciale avec les hérétiques de la petite cité libre, et, particulièrement, de leur faire la vente et le charroi du bois de chauffage. Les grands griefs de la maison d'Autriche contre les gens de Mulhouse étaient, que ces derniers refusaient de se soumettre aux jugements de l'officialité du diocèse de Bâle, en alléguant que d'après leurs franchises et privilèges impériaux ils ne ressortaient que de leur propre tribunal et non de la juridiction ecclésiastique, tant de celle de l'officialité de Bâle, que de celle d'une cour catholique quelconque.

II. *L'Ordre teutonique à Mulhouse. — Chevaliers et Réformistes.*

Sur ces entrefaites éclata, en 1587, la révolution dite des Finninger, qui mit Mulhouse à deux doigts de sa perte,

1. Urb. XVIe siècle. Fonds Ord. teut. Mulh. Liasse H. n° 2. Arch. du Ht-Rhin.

et qui ne put être réprimée que par des rigueurs draconiennes et de nombreuses exécutions. Il est facile de comprendre que les pays catholiques et avec eux les chevaliers de l'Ordre, voyaient d'un œil favorable les violences et les excès des émeutiers de Mulhouse, lesquels, s'ils avaient pu arriver à rétablir l'ancien état de choses, n'auraient pas manqué de rendre à la catholicité son ancien prestige et une partie de sa puissance antérieure. — Mais, malgré tous les faits attentatoires à la liberté de conscience, il faut rendre justice aux descendants des Croisés, ils ont à leur actif de telles actions qui leur font honneur. Lorsque, par exemple, au cours des troubles, le bourgmestre Ziegler dut s'enfuir et alla demander un refuge dans la cour de l'Ordre teutonique, les chevaliers fidèles aux Règlements et Statuts de leur confrérie, lui donnèrent un abri et refusèrent catégoriquement de le livrer à la justice des révolutionnaires, en rappelant fièrement à ceux qui réclamaient le fugitif, qu'ils avaient le privilège séculaire du droit d'asile. Ce privilège du reste leur avait été, dans des contestations précédentes, hautement confirmé, notamment en 1477, par une sentence arbitrale, rendue par Guillaume de Ribeaupierre contre Jean de Hirtzbach[1]. Malgré cela, la Commanderie de Mulhouse, laquelle par sa situation en pleine ville protestante ne pouvait, sans s'attirer des difficultés sans nombre et de graves représailles, soutenir ouvertement le parti de la révolution, sut néanmoins déployer assez de diplomatie pour éviter de transiger. En effet, après le rétablissement de l'ordre et le maintien du

1. Dans cette sentence il est dit que les deux cours franches, soit celles de saint Jean et de l'Ordre teutonique, jouissaient seules à Mulhouse du droit d'inviolabilité.

nouveau culte, les révoltés dits « Banditen » prirent la fuite et gagnèrent les pays catholiques des environs où ils se trouvaient en sûreté. A Rixheim, plusieurs vinrent implorer aide et protection auprès des nobles et hauts dignitaires de l'Eglise, qui les soutinrent tant qu'ils purent, et leur donnèrent à l'instar des chevaliers teutoniques des terres à cultiver. Les autorités de Mulhouse plus que froissées de l'hospitalité spontanée que l'on accordait dans tous les pays catholiques aux fugitifs, adressèrent le 15 juin 1590 des plaintes amères à l'archiduc Ferdinand d'Autriche, alors Statthalter impérial en Haute-Alsace; les réitérèrent le 18 décembre 1606 au provincial de l'Ordre teutonique Jean-Henri de Schinen, et, l'année suivante, portèrent même le différend pardevant l'empereur Maximilien en personne. Comme administrateur de la grande-maîtrise de l'Ordre teutonique en Prusse, l'empereur fit comparaître devant lui Conrad de Louffenberg, Commandeur de la maison de Mulhouse, lequel défendit si bien les intérêts de l'Ordre, que Maximilien repoussa la plainte des gens de Mulhouse, qui n'obtinrent plus jamais gain de cause. Les tiraillements continuels entre la ville et les chevaliers étaient encore loin d'avoir pris fin, lorsqu'éclata la grande guerre politique et religieuse dite de « Trente-Ans », qui d'abord allemande, puis européenne, mit de 1618 à 1648 notre pays d'Alsace à feu et à sang. Pendant toute la durée de cette calamité le Dünghof de Rixheim resta, comme auparavant, une exploitation rurale à laquelle avaient été ajoutés quelques bâtiments destinés aux catéchumènes de la confrérie qui, dès l'an 1600, étaient instruits à Rixheim, et dirigés à cette époque par le « brueder magister » Johannes Seegmüller, chevalier de l'Ordre teutonique, et curé de l'église Saint-Léger audit lieu; et auquel succédèrent dans tout le courant de la deuxième période, en :

1601. — Doct. frat. Bernardus Uls.
1602. — Magist. frat. Johannes Steffan.
1613. — Frat. Thomas Gaudmauer.
1617. — Frat. Sigismond Gölterlin.
1628. — Frat. Andreas Hösch.
1640. — Pat. Messner de l'ord. de saint Antoine.
1656. — Pat. Chrisostophore Sylbereisen du « Maria Stella-Covent ».
1657. — Mag. Wilhelm Schnetz.

III. *Revendications mulhousiennes.*

Malgré les difficultés croissantes et la tension des rapports entre les chevaliers et les gens de Mulhouse, les premiers continuaient de résider dans cette ville, quoique Rixheim fut pour eux en temps d'été leur séjour favori. Cependant les relations quelque peu correctes sinon amicales entre l'Ordre et les gens de Mulhouse allaient devenir de plus en plus rares, tant et si bien que, quelques incidents futiles aidant, elles allaient être menacées d'une véritable rupture. A cette époque éclata la question d'Ortembourg, dans laquelle les chevaliers et avec eux les hauts dignitaires de l'Eglise dans le Sundgau opérèrent une vive pression. Cette grave question, au début favorable et ensuite contraire aux intérêts des gens de Mulhouse, poussa la surexcitation de ces derniers à son comble, et la fit encore augmenter quand Theobald Lips, régisseur du Dünghof de Rixheim fut installé, en 1636, comme tel à Mulhouse, sans que l'autorisation en eût été demandée préalablement au Magistrat dont l'amour-propre se trouvait froissé, refusa de tolérer la présence de ce personnage dans ses murs[1]. Les gens de Mulhouse partaient du principe en vertu duquel les conventions passées avec les ordres religieux, résidant dans leurs murs, les économes ou régisseurs placés à la tête desdites maisons devaient être :

1° Bourgeois de Mulhouse et appartenir à la nouvelle doctrine ;

2° Etre agréés par les autorités de la cité auxquelles ils avaient comme tous les autres habitants à prêter le serment d'obéissance ;

et, s'appuyaient sur le fait incontestable qu'aucune de ces conditions n'avait été remplie par Theobald Lips.

Ce refus des bourgeois de Mulhouse motiva, entre eux et l'Ordre teutonique soutenu comme par le passé par les pays catholiques, une longue correspondance qui durait encore en 1645, date à laquelle le Dr. Schmilecius, alors délégué de la ville de Baden en Suisse, présenta le cas aux cantons confédérés, lesquels d'un commun accord reconnurent le bien-fondé des revendications de leurs alliés, et convinrent que la présence de Théobald Lips à Mulhouse était en tous points contraire aux lois de la cité, laquelle avait déjà en 1545 voulu expulser les chevaliers de l'Ordre teutonique pour pareil motif. Forte de l'appui promis par les cantons protestants, la ville adressa une lettre de représentation au provincial de l'Ordre, après avoir au préalable donné, le 14 février 1646, connaissance du contenu de ce document au Commandeur de la maison de Mulhouse, lequel habitait alors la ville, attendu que les bâtiments de Rixheim étaient provisoire-

1. Rathsprot. 1636, 1640, 1641. Arch. Mulh.

ment occupés par les troupes du colonel de Duisbourg. Dans cet acte, les plaignants déclaraient énergiquement, que le différend représentait une question juridique qui pour eux était du plus haut intérêt, « attendu, y est-il dit, que l'économe Théobald Lips est sujet ressortant de la Régence d'Ensisheim, et est par le fait même soumis à la juridiction autrichienne et non à la leur, ce qui lui donne le droit de faire citer les communaux de Mulhouse pardevant les tribunaux étrangers, chose qu'ils ne peuvent pas admettre et qui représente une action judiciaire préjudiciable à leurs intérêts et qui outre cela est absolument contraire à leurs droits de bourgeoisie ». La cause fut traînée en longueur, et le différend ne reçut de solution que quelques années plus tard, tant par la mort de Théobald Lips qui survint entre temps et que remplaça Georges Fischer, que par la conclusion du nouveau traité de paix qui, en comprenant Mulhouse comme faisant partie intégrante de la confédération, coupa court à toutes les contestations de ce genre.

Le traité de Westphalie qui fut signé en 1648, régularisa la situation de Mulhouse, car dans le Précis des articles de première classe qui y furent énoncés, la confédération hélvétique y comprise son alliée la petite république de Muelhausen, qui depuis longtemps s'était rendue indépendante du corps germanique, mais à laquelle aucun acte public n'avait encore reconnu cette indépendance, fut alors formellement soustraite à la juridiction de l'Empire. Par ce traité, la puissance féodale de la maison d'Autriche, tombait en Alsace, et la France, en prenant possession des territoires de sa rivale, hérita de tous ses droits et privilèges et obtint: la cession des landgraviats de la Haute- et Basse-Alsace, du Sundgau, du Vieux-

Brisach et de son territoire, ainsi que de la préfecture de Haguenau, Colmar, Sélestadt, Wissembourg, Landau, Obernai, Rosheim, Munster-au-Val, Kaysersberg et Türckheim.

Avant les guerres, la province d'Alsace était soumise à l'archiduc d'Autriche, qui y possédait deux sortes de domaines, dont les uns lui revenaient à titre de suzerain et les autres en sa qualité de seigneur particulier. Comme suzerain, il percevait d'office les droits d'entrée et de sortie, les impôts sur le vin et le sel; il touchait également les amendes et confiscations et, en temps de guerre, prélevait à son gré une taille plus ou moins forte selon les besoins de l'Etat. En sa qualité de seigneur particulier, l'archiduc jouissait en Haute-Alsace des droits, rentes et autres revenus seigneuriaux et les terres elles-mêmes de Belfort, Delle, Ferrette, Altkirch, Thann, Landser, Cernay, Ensisheim, Masevaux et Isenheim[1], lui appartenaient en propre.

Quand la paix fut rétablie dans le pays et que les hordes étrangères qui avaient rendu l'habitation et le séjour à la campagne presque impossible se furent retirées, les chevaliers de l'Ordre teutonique, tout en conservant leur établissement à Mulhouse comme pied-à-terre, se retirèrent vers 1660 complètement à Rixheim, et confièrent l'administration des vastes propriétés qu'ils possédaient dans la banlieue de la ville à un économe, qui cette fois fut choisi parmi les bourgeois notables de la cité et habita l'immeuble. La commanderie de Mulhouse peut être considérée à partir de cette époque comme définitivement transférée au village de Rixheim dont elle prit le nom dans la suite.

1. Hist. de la Province d'Alsace. (XVIIIe siècle.) Manuscrits Fonds de l'abbaye de Munster. Bibl. Colm.

Troisième Période (1660-1797)

I. *La dépossession de l'Ordre par le roi de France.*

Nous ne possédons pas la date officielle du transfert de la commanderie de Mulhouse dans les bâtiments de l'Ordre à Rixheim, et nous nous voyons forcés de prendre, faute d'autres, celle du 6 janvier 1660. Cette date nous est fournie par un inventaire dressé à Mulhouse, comprenant la nomenclature de quelques meubles sans grande valeur et d'une petite partie de linge qui se trouvaient encore à la commanderie, et qui furent confiés aux bons soins de Barbara Brunner, la portière de l'établissement[1]. Il est facile de comprendre que l'Ordre, en quittant Mulhouse, n'avait jamais songé, comme il le fit plus tard, à se débarrasser des bâtiments de la commanderie, laquelle offrait le grand avantage de pouvoir servir de refuge sûr en temps de guerre, et figurait un dernier vestige du pouvoir impérial avec tous les privilèges qui y étaient attachés, au sein d'une cité libre et entièrement protestante. Bien leur en prit, car lorsque Louis XIV, inspiré par Louvois, rompit les traités de Westphalie, d'Aix-la-Chapelle et de Nimègue, qui avaient donné à la France un grand nombre de villes et de districts avec leurs dépendances, l'Ordre teutonique à Rixheim se trouva dans une situation particulièrement fausse. Cette position

1. Inventarium von was sich noch anno 1660 am 6. Januar an mobilien und zeug in Mulhauser Commenthurey befunden und der beschlieserin Barbara Brunner eingehändiget. Liasse H. n° 2. 4. Theil. A. 4. Arch. Ht-Rhin.

anormale des chevaliers ne fit que s'aggraver encore, lorsque le roi, pour examiner la nature et l'étendue des cessions faites à la Couronne de France, institua dans les Parlements de Metz, de Besançon et dans le Conseil souverain d'Alsace, des chambres dites de « *réunions* ». Celles-ci établirent que tout ce qui *avait dépendu* dans les temps antérieurs des pays en question, devait y être incorporé de nouveau. En partant de ce principe, elles adjugèrent à Louis XIV plusieurs villes et seigneuries de la province d'Alsace ; au nombre desquelles était la commanderie de Rixheim, mais sans que l'établissement de l'Ordre avec ses dépendances dans la banlieue de Mulhouse seule y fussent compris. La Couronne se montra sévère vis-à-vis de l'Ordre teutonique, qui suivant elle ressortait directement de la Maison d'Autriche à laquelle il se montrait très dévoué, vu que tous ses membres étaient allemands d'origine et combattaient en partie contre la France. Lésés gravement dans leurs intérêts territoriaux, les chevaliers teutoniques s'adressèrent au Roi qui fut ramené par de hautes influences à des sentiments plus favorables à l'égard de l'Ordre, lequel dans la province d'Alsace avait, lors des guerres de la maison d'Autriche contre la France, disait-on, observé une neutralité absolue. Aussi Louis XIV rendit, le 12 mai de la même année (1680), en son Conseil à Brisach, une Ordonnance qui rompait la réunion des biens de l'Ordre à la Couronne de France, et accordait aux commanderies de Rixheim, Bâle, Mulhouse et Roufach leurs privilèges antérieurs, et la libre jouissance de leurs biens [1]. Toutefois la confrérie ne put jouir que pendant quelques années des bonnes grâces royales, car

1. Doc. inéd. sur parch. Arrêt des Cons. d'Als. Cart. Ire Partie. F. n° 2. Fonds Ord. teut. Rixh. Arch. du Ht-Rhin.

Louis XIV, très aigri par les coalitions formidables liguées contre lui en 1689, annula l'arrêt émis en faveur de l'Ordre en 1680 et céda les maisons de Rixheim, Roufach et autres aux chevaliers du Mont Carmel et de Saint-Lazare, lesquels appartenaient à l'Ordre français du même nom[1].

L'antipathie que Louis XIV et ses successeurs nourrissaient contre l'Ordre teutonique provenait en partie, comme nous l'avons déjà indiqué, de l'attachement de l'Ordre aux ennemis de la France, auxquels la grande-maîtrise fournissait des officiers distingués et des subsides de guerre qui se montaient pour la commanderie de Rixheim à 6000 liv. st. et pour celle de Roufach à 4500 liv. st. Cette sécularisation des biens de l'Ordre en Alsace dura jusqu'au traité conclu entre l'empereur d'Autriche et la France le 30 octobre 1697, et connu sous le nom de paix de Ryswick. Louis XIV fut confirmé dans la possession de Strasbourg, mais il dut restituer à l'Empire Kehl, Philippsbourg et Brisach, et renoncer à tous les pays qui avaient été réunies à la Couronne en 1680 par les arrêts des chambres de Metz, de Besançon et de Brisach. Ce fut cette dernière stipulation qui rendit à l'Ordre teutonique son ancienne indépendance, mais non sans lui enlever la plus grande partie de ses franchises impériales antérieures et certaines prérogatives que la France ne lui reconnut plus. La nouvelle situation de l'Ordre teutonique sous le régime français ne fut de longtemps plus aussi prospère qu'auparavant, car après la défaite complète des Impériaux, Louis XIV distribua à ses serviteurs les plus dévoués les vastes domaines particuliers de l'archiduc qui

1. Mémoires sur l'Alsace. 1697. Manuscrit portant n° 509. Fonds du monastère de Munster. 1714. Biblioth. municip. Colmar.

venaient de retomber à la Couronne ; il investit le duc de Mazarin des terres de Belfort, Delle, Ferrette, Altkirch, Thann et Isenheim, et céda la seigneurie de Landser y compris Rixheim où était le siège de la commanderie, au sieur d'Herma alors contrôleur général des finances en Haute-Alsace. Mais, le roi en abandonnant à d'autres ses droits de seigneur particulier sur les terres que nous venons d'énoncer, s'était par contre réservé la taille ou subvention extraordinaire à lever dans la province d'Alsace qui se montait à 600 000 liv. st., sur lesquels le clergé des diocèses de Bâle et de Besançon avait à payer 25 000 liv. st. dont les deux vingtièmes étaient à verser par les commanderies de l'Ordre teutonique de Rixheim et de Roufach[1].

Cette somme importante pour l'époque, nous donne un exemple de la façon dont notre pays d'Alsace, considéré comme une vache à lait, avait été exploité par la maison d'Autriche, la France et les nations qui lui ont succédé. Le montant de la taille au commencement de l'année 1697 était versé entre les mains de deux receveurs particuliers des finances, qui dans le courant de la même année furent portés à six, répartis en trois bureaux, dont le premier fut établi à Landau, le deuxième à Strasbourg et le dernier à Brisach. Celui-ci duquel dépendait le village de Rixheim, était formé de seize villes y compris Fribourg en Brisgau, de 354 bourgs, villages, paroisses ou hameaux ; comptait 13 525 feux et 65 355 âmes, dont 63 318 catholiques, 1050 luthériens, 90 calvinistes et 897 juifs.

1. Description de la Province d'Alsace dressée par M. de La Grange, intendant par ordre du Roy pour l'instruction de Monseigneur le Duc de Bourgogne en 1697. Manuscrit n° 135, p. 88. Biblioth. municip. Colmar.

II. *Rénovation de la Commanderie de Rixheim.*

Mais revenons à notre sujet principal duquel nous nous sommes tant soit peu écartés dans l'intérêt même de la question, et à l'Ordre teutonique qui dès les premières années de la troisième période s'était remis à exploiter ses vastes propriétés et à prélever régulièrement les dîmes, revenus et extenses, ce qui pendant la durée des années de troubles avaient été quelque peu négligé. L'Ordre y déploya une énergie et une persévérance sans égales, avec cette ténacité qui caractérise le clergé catholique en général.

Certains droits locaux qui étaient tombés en désuétude, pendant la déchéance de l'Ordre, furent remis en vigueur, notamment l'obligation relative à l'emploi des büttichs, à fournir par les gens de Mulhouse. Cela provoqua un différend vers la fin du seizième siècle entre la Ville libre et la commanderie de Rixheim. La première avait eu depuis des temps immémoriaux la servitude de fournir tous les ans aux chevaliers teutoniques les büttichs nécessaires au prélèvement du banvin dans les finages de Riedisheim et du Naegeleberg situé dans le banlieue de Rixheim: et s'en était abstenue sous prétexte que les büttichs étaient généralement égarés et n'étaient plus restitués à leurs légitimes propriétaires. Les chevaliers se plaignirent de cette résistance des gens de Mulhouse, et demandèrent avant la saison des vendanges de l'année 1700 la stricte exécution des anciennes obligations. Force fut aux bourgeois de Mulhouse de reconnaître les droits de l'Ordre, lequel avait proposé comme arbitre dans ce conflit Charles Jacques de Besenwald, seigneur de Brunstatt et co-décimateur au banvin de Riedisheim et autres lieux.

Une réunion des parties ayant été demandée par ce dernier, il fut décidé au cours des discussions entre le baron de Reinach, chef des catéchumènes et Commandeur à Rixheim, remplacé pour cause de maladie par le baron de Ferrette, Commandeur intérimaire d'une part, et les gens de Mulhouse d'autre part : « Que le prélèvement du banvin serait dorénavant fait par tous les décimateurs en même temps, et que les büttichs seraient de suite après le partage du banvin restitués à leurs propriétaires ». A la même époque une autre difficulté plus sérieuse cette fois s'éleva entre l'Ordre et la Couronne, dont les autorités en méconnaissant le troisième privilège impérial, octroyé par la Maison d'Autriche à l'Ordre, défendirent au Commandeur de Rixheim de faire couper dans les forêts domaniales de la Hart le bois nécessaire à leur chauffage.

L'Ordre n'accepta pas sans résistance cette injonction et s'adressa à M. de la Houssaye, lui exposant ses droits. La réponse ne se fit pas attendre, elle était négative, car l'Ordre fut débouté de ses réclamations et dut, à partir de cette époque, payer son bois de ses bons deniers. Ces atteintes portées au commencement du dix-huitième siècle aux privilèges et bénéfices de l'Ordre teutonique étaient, il est permis de le croire, en grande partie la conséquence forcée des saturnales de la régence et du ministère du duc de Bourbon qui, par l'émission des billets de banque et le bouleversement des monnaies, avait porté le prix des denrées et de la main d'œuvre au-delà des proportions naturelles et l'obligeait à battre monnaie de tout. Duverney entreprit de remédier au mal en diminuant successivement de plus de la moitié la valeur légale des monnaies et en réduisant l'intérêt au denier trente. Mais, la résistance générale força bientôt le législateur à rapporter ses édits et à rétablir l'ancien état de choses. Toutefois le gaspillage des deniers publics par le ministère amena par contre une autre entreprise, de gothique origine, et qui représentait un des abus les plus criants de la féodalité, soit le *droit du joyeux avènement* qui fut rétabli dans tous les Etats soumis à la Couronne. Ce tribut appartenait au suzerain immédiat, lequel en montant sur le trône pouvait, sans autres formalités, frapper d'une taxe de confirmation tous les actes précédemment émanés du sceau royal.

La commanderie de Rixheim fut la première victime de ce droit inique, auquel on ajouta encore spécialement pour elle celui de *main-morte*, lequel interdisait à l'Eglise la faculté de grossir par de nouvelles acquisitions la masse inaliénable de ses biens. L'Etat s'attaqua de prime abord à la seigneurie de Fessenheim, qui était une terre riche et féconde en revenus, en contestant la validité des transactions passées avec le Conseil souverain et en refusant même, en 1718, la demande d'homologation du contrat d'acquisition. Une première démarche faite en ce sens dans le courant de la même année auprès du Conseil souverain n'aboutit pas, celui-ci s'étant déclaré incompétent, il fallut en référer à Sa Majesté elle-même. Ce fut le baron de Ferrette, Commandeur de la Maison de l'Ordre à Rixheim, qui fut chargé de cette délicate mission. Il se rendit à cet effet à Paris. Reçu en audience privée, le baron de Ferrette fut cavalièrement congédié par Sa Majesté, avant même qu'il eut bien exposé l'objet de sa requête, et ce avec prière de revenir l'année suivante et de présenter un état complet des chevaliers teutoniques du bailliage d'Alsace et de Bourgogne « afin, dit le roi, qu'il puisse connaître le nombre de

« ceux d'entr'eux qui étaient vassaux de la Couronne de « France » !!!

Le baron de Ferrette se soumit en grand diplomate plutôt qu'en grand seigneur, sa deuxième visite fut, cette fois, couronnée d'un plein succès. Entre temps des personnages influents de la cour étaient intervenus, avaient plaidé en faveur de la commanderie tant et si bien que le Roi, par une permission toute spéciale, autorisa la commanderie de Rixheim à posséder la terre de Fessenheim et autres propriétés acquises dans les mêmes conditions en Alsace. Pour plus de régularité, cette autorisation fut même confirmée par un arrêt du Conseil d'Etat de la Régence qui étendait l'homologation à tous les contrats d'acquisition antérieurs. Les chevaliers s'empressèrent de profiter de la bienveillance royale pour mettre leurs vastes et belles propriétés à l'abri d'un nouveau coup de main et remboursèrent le 25 août 1721, dans un contrat passé à Fribourg aux héritiers des deux dames de Thorn et de Beroldingen, les seigneurs de Falkenstein et de Klinglin qui les menaçaient d'un procès, les externes hypothécaires qu'ils détenaient sur la communauté des biens de la confrérie en Alsace [1].

III. *Les biens et revenus de la Commanderie au dix-huitième siècle.*

Les incessantes difficultés qui s'élevaient entre les chevaliers de l'Ordre et la Couronne de France, forcèrent les hauts dignitaires de la confrérie à faire dresser des inventaires minutieux des archives de l'Ordre en Alsace;

1. Répert. Arch. de l'Ord. teut. Rixh. Liasse H. Arch. Ht-Rhin.

ce qui à Rixheim fut fait en 1722 par Ignace Marquis de Roll zu Bernau, commandeur de Rixheim, Bâle et Mulhouse, qui fit contresigner les relevés par le sieur Thomas Handel, alors chancelier principal du bailliage[1]. L'acharnement que mettaient les autorités françaises à frapper les revenus de la commanderie de Rixheim de tantièmes retombant à la caisse du royaume est assez excusable, lorsqu'on connaîtra l'étendue des biens de l'Ordre. Voici du reste une nomenclature, dressée en 1723 des terres censières et décimables appartenant à l'Ordre teutonique. Elles étaient situées aux lieux de : Baldersheim, Battenheim, Biederthal, Brinnighofen, Brunstatt, Dornach, Eschentzwiller, Fessenheim, Vieux-Ferrette, Guebviller, Hagenbach, Hartmannswiller, Mulhouse, Mittelmuesbach, Niedersteinbrunn, Nieffert, Ober-Burnhaupt, Obermorschwiller, Rexheim, Rixheim, Riedisheim, Ruelisheim, Uffheim, Wattwiller et Wittenheim.

Quant à la totalité des revenus de la commanderie de Rixheim, ils étaient dans la première moitié du dix-huitième siècle par an de :

17 596 liv. st. 14 ß 4 δ comme recettes, et de

11 093 liv. st. 14 ß 4 δ comme dépenses,

ce qui donnait un excédent de 6503 liv. st. A cette époque les prix des denrées sur lesquels on s'était basé pour la liste des revenus de l'Ordre étaient dans la seigneurie de Landser de :

10 liv. st. pour le quartal de froment,

10 » » » de blé,

3 » » » d'épeautre.

1. Generalia. Liasse H. n° 1. Fonds Ord. teut. Rixh. Répertoire 1749. Arch. du Ht-Rhin.

6 liv. st. pour le quartal de seigle,
7 » » moitié seigle et moitié avoine,
10 » » le réseau de pois.
9 » » » de lentilles,
12 » » » de colza,
3 » » la mesure de vin blanc,
4 à 10 liv. st. pour la mesure de vin rouge,
32 liv. st. pour la mesure d'eau-de-vie dite «Kirsch»[1].

Outre les revenus que nous venons de citer, l'Ordre avait encore de nombreuses collations réparties sur les églises de Knöringen, Hagenbach, Niedersteinbrunn, Fessenheim, Rixheim et Riedisheim, lesquelles étaient desservies par des prêtres séculiers auxquels les chevaliers n'allouaient comme émoluments qu'une très faible partie des revenus desdites églises, et dont la situation par le fait même, était souvent précaire et peu enviable. Le droit de collation, qui tomba avec la Révolution, était une institution des plus iniques, car il permettait aux collateurs tant religieux que laïques de vivre dans le luxe et l'opulence, tandis que les véritables mandataires de la religion se trouvaient dans le plus complet dénûment, ayant pour abri une maison délabrée, vivant d'aumônes et de dons en nature de leurs ouailles. Bien des fois, et les exemples ne sont pas rares, les collateurs par mesure d'économie négligeaient de faire desservir régulièrement les paroisses dont ils touchaient pourtant les riches revenus ecclésiastiques, et dont les ouailles pour obtenir satisfaction durent s'adresser à leur chef spirituel, lequel même, en faisant usage du droit diocésain, n'arrivait sou-

1. Etat et relevé des biens, rentes et autres revenus de toute nature appart. à la commanderie de Rixh. Ire Part. Lit. A. n° 10. H. trimestre d'avril 1722. — Arch. du Ht-Rhin.

vent qu'à remédier imparfaitement à ce déplorable état de choses.

IV. *La Collation de Riedisheim.*

Ce cas se présente pour la commune de Riedisheim qui était, comme nous l'avons dit, annexée à la paroisse de Rixheim. Négligée depuis de longues années et mal desservie par les chevaliers de l'Ordre teutonique, sa population froissée de l'indifférence avec laquelle le commandeur accueillait ses doléances adressa, en 1723, à l'officialité du diocèse de Bâle, une supplique motivée, dans laquelle elle demandait à être séparée de l'église de Rixheim et à faire administrer la paroisse par un curé attitré qu'elle paierait de ses propres deniers. Le différend, ayant été porté pardevant le tribunal ecclésiastique à Altkirch fut réglé, malgré le bien-fondé des revendications des gens de Riedisheim, en faveur de l'Ordre, qui se basa dans sa défense sur les stipulations expresses du droit de collation et sur un arrêt du Conseil souverain en date du 10 juin 1676. Mais si les collateurs eurent gain de cause, les considérants du jugement n'en étaient pas moins sévères pour eux, car ils contenaient une mise en demeure non équivoque d'avoir plus de sollicitude pour les intérêts spirituels des fidèles. Il y était dit : « que « les chevaliers auraient eux aussi dorénavant à se con- « former aux obligations qui leur incombaient suivant le « même droit de collation, c'est-à-dire qu'ils auraient à « desservir la cure de Riedisheim tous les dimanches et « jours fériés à l'exception des quatre grandes fêtes de « l'année, jours auxquels les ouailles dudit Riedisheim

« seraient tenues de venir assister au service divin à « l'église du village de Rixheim »[1].

V. *La Maison de la Commanderie à Rixheim.*

L'établissement de l'Ordre au village de Rixheim était, par suite de l'abandon de la Commanderie de Mulhouse, devenu de jour en jour plus important, et ne répondait plus à l'usage auquel il était destiné, ce qui obligea les chefs du bailliage d'Alsace et de Bourgogne à faire construire une commanderie digne de l'Ordre, au village de Rixheim, dont la position entre Bâle, Mulhouse et Strasbourg leur semblait très avantageuse. Cette idée n'avait certes pas été suggérée aux hauts dignitaires de l'Ordre d'un jour à l'autre, et devait exister depuis longtemps, car déjà en 1721 la maison de Rixheim avait fait l'acquisition moyennant 800 liv. st. de Bâle, d'une maison avec cour et dépendances, appartenant au Dr Claudius d'Ensisheim, laquelle était située à côté de l'établissement et était indispensable pour son aggrandissement. La propriété Claudius était d'autant plus nécessaire à l'Ordre, par le motif qu'elle se trouvait enclavée dans les terrains que la noble dame Marie-Ursule, marquise d'Ulm, née de Reinach, avait cédés à l'Ordre moyennant la somme de 900 liv. st. au comptant[2], le 14 novembre 1684.

Il est certain que la reconstruction de la maison de Rixheim eut été faite depuis longtemps déjà, si les avis des commandeurs sur le projet n'eussent été très partagés; en effet, dans les réunions des chapitres provinciaux qui se

1. Copia decreti judicialis Altkirchy feria ante Dom. in Alb. in curia. episc. basil. lat. Anno 1723. Cop. vid. signée Franciscus Meglin Paroch. Arch. Rixh.
2. Liasse H. General. n° 1. Fonds Ordr. teuton. Rixh. Arch. Ht-Rhin.

tinrent à Althausen en 1728, 1729 et 1732, on délibéra longuement sur la question de savoir, si l'on devait transformer le château de Fessenheim en commanderie ou reconstruire à neuf les bâtiments de Rixheim[1]. Après bien des débats qui pour la plupart, vu la grande économie de 11 784 liv. st. sur 45 712 liv. st. réalisée, portaient en faveur de la transformation du château de Fessenheim, les voix des Commandeurs d'Alsace et de Bourgogne l'emportèrent et la reconstruction des bâtiments de la commanderie de Rixheim fut votée. Ceux-ci devaient suivant la délibération officielle du chapitre comprendre :

1° Un grand corps de logis flanqué de deux ailes,
2° Une grange,
3° Quatre hangars en bois,
4° Une remise pour deux voitures et
5° Une aile annexe pour les étables à porcs et la volaille.

L'exécution des travaux fut confiée au sieur Bagnato, architecte principal de l'Ordre à Althausen qui en soumit les plans au chapitre provincial en 1735. Les plans furent ratifiés par ce dernier, qui chargea le même de traiter avec les artisans, les ouvriers et les fournisseurs. Conformément aux droits que les chevaliers possédaient à Rixheim, les matériaux nécessaires à la reconstruction de la commanderie, tels que : sable, chaux et plâtre, furent livrés par les habitants de Rixheim au prix le plus bas ; quant aux pierres elles furent tirées des carrières dites « Steingruben am Sonnenberg », lesquelles avaient été achetées par l'Ordre à cet effet et revendues après ni-

1. Minut. pap. vid. sans date. doit être de l'époque de la reconst. de la command. 2e Partie. Lit. A. nº 5. Generalia. Fonds Ordre teut. Rixh. Arch. du Ht-Rhin.

vellement à des particuliers qui les plantèrent en vignes. Les briques furent fournies par la « Leimgrube » et brûlées au four dit « Alte Ziegelhütte »[1]. La commanderie de Rixheim était après l'achèvement des travaux en 1737, un des plus beaux bâtiments de la Haute-Alsace. Ainsi réédifiée, la maison de la Commanderie comprenait non seulement des habitations princières, mais aussi un caveau des archives ou « gewölbtes Archiv ».

Quant aux énormes caves situées sous toute l'aile gauche, elles étaient connues sous le nom de « neue und alte Keller » ce qui démontre que les anciennes caves étaient celles qui existaient à l'ancien Dünghof et représentent encore de nos jours celles qui touchent à la rue. Ces deux caves qui étaient contiguës, contenaient d'après un relevé, mentionnant la désignation et la contenance des tonneaux, 2870 mesures de futaille, destinés à l'encavement des banvins revenant à l'Ordre, et qui était au seul lieu de Rixheim, soit pour bonne ou mauvaise vendange, de 40 mesures de tout-venant par an. Ce n'était peut-être pas sans raisons que les chevaliers teutoniques à Rixheim attachaient une importance toute particulière au banvin et à son prélèvement, car la consommation du vin était très forte à la commanderie. Nous possédons sur ce point un document assez curieux. C'est un relevé dressé le 30 juin 1749 par le baron de Schauenbourg lui-même, alors Commandeur à Rixheim. Ce relevé accuse :

9 mesures de petit vin dit « Tafelwein ».
10 » » vin pour domestiques dit « Trinkwein ».

1. Leimgruben, aus welcher die Backsteine zur Erbauung der Commenthurey genommen worden und in der alte Ziegelhütte gebrandt, welche genannte grube dornach lassen auffülen und zu Matten machen. (Anno 1775. Repert. Fonds Ord. teut. Rixh. Archives du Ht-Rhin.)

12 mesures de vin blanc extra.

1 » » vin rouge extra[1].

Soit en tout 42 mesures de vin par mois, à répartir entre le personnel entretenu à la même date à la commanderie et qui était composé de :

Joh. Bapt. Mang, prêtre séculier et vicaire à l'église Saint-Léger à Rixheim et dont les appointements étaient de . . . . 90 florins.

3 séminaristes avec appointements à 47 fl.	141	»
Pension desdits à 40 fl.	120	»
Joh. Georg. Lengst, bailli	520	»
Un conseiller ou balleyrath avec pension	350	»
Joh. Ulrich Spaich, receveur	300	»
Ignace Schindler, chancelier	60	»
Phil. Jos. Schindler son fils, aide-secrétaire	60	»
Joh. Caspar Bagnato, architecte depuis la construction de la commanderie en résidence à Rixheim et à Fessenheim	300	»
Casimir Schmuck, scribe	160	»
Aug. Franck, aide-scribe	52	»
Joh. Frédéric Rössel, expéditeur . . .	120	»
Lorentz Pfeiffer, chef de cuisine . . .	100	»
Joh. Caspar Ruef, 2e chef	50	»
Joh. Friedmann, trompette et laquais . .	80	»
Clara Lengstin, portière	30	»
Bonaventura Theurer, jardinier . . .	150	»
Lorentz Geyger, aide-jardinier	70	»
Peter Schlecht, premier sacristain . . .	40	»
Philippe Strohl, deuxième sacristain . .	20	»
Nicolas Deminger, valet de chambre . .	55	»

1. Generalia et Varia. Lit. A. nº 15. Fonds Ord. teut. Rixh. Arch. Ht-Rhin.

Joseph Roth, tapissier	40	florins.
Jean Basque, maître-maçon	80	»
Jacob Altmeyer, brigadier-forestier . .	65	»
Johann Burr, forestier	65	»
Friedrich Wagner, garde-chasse . . .	65	»
Hans Michel Lattner, maître-menuisier	60	»
Johann Kohlhaubt, forgeron et mécanicien	80	»

Soit en tout un personnel composé de 30 personnes qui, il est vrai, n'habitaient pas toutes les bâtiments de la commanderie, mais y étaient attachées à un titre quelconque et touchaient ensemble annuellement une somme de 3323 fl., auxquels venaient encore se joindre 274 florins pour frais de bureau, de courrier, culture spéciale de la vigne et aumônes aux mendiants de passage[1].

VI. *Premiers symptômes de déclin.*

La propriété, c'est-à-dire les bâtiments étaient dotés d'une pompe à incendie au service de laquelle les habitants de Rixheim étaient préposés d'office. Si la situation matérielle et financière de la commanderie de Rixheim ne laissait rien à désirer, il en était autrement du recrutement des novices qui d'année en année devenait plus difficile, ce qui réduisit jusqu'en 1790 le nombre des chevaliers de l'ordre du bailliage d'Alsace et de Bourgogne à 14, y compris les hauts dignitaires de la confrérie[2]. La troisième période peut à juste titre être considérée comme celle de la décadence d'un ordre jadis

1. Specification wass ein jeder von deren gaistlichen Beampten und Bedienten zur jerlichen Besoldung hat. General. Liasse I. H. Fonds Ord. teut. Rixh. Arch. du Ht-Rhin.

2. Almanach. des Teutsch. Ord. Ritter des Jahr. J.-Christ. 1790. Biblioth. Colm. n° 3492. 1. Ch.

puissant, et il est incontestable que la Couronne de France, par les difficultés incessantes qu'elle lui créa de tous les côtés, contribua pour une bonne part à sa déchéance. La question des impôts que l'Etat soulevait continuellement contre l'ordre, renaissait chaque année ; de plus il avait trouvé un élément destructeur encore plus redoutable dans la personne du clergé séculier qu'il soutint et opposa aux collateurs en général et à l'Ordre teutonique en particulier. L'incurie des collateurs qui laissaient tomber les églises en ruine, et entretenaient à peine les desservants séculiers, avait attiré depuis longtemps l'attention du Conseil souverain qui, en 1768, fit signer au roi une ordonnance, enjoignant à tous les décimateurs de faire réparer et d'entretenir convenablement les églises et presbytères desquels ils touchaient des revenus quelconques. Cet édit, approuvé des populations rurales, souleva de nombreuses protestations des collateurs, qui malgré d'actives démarches faites en haut lieu, se virent forcés d'exécuter à la lettre la teneur de l'ordonnance.

C'est à cette même époque que les gens de Rixheim obtinrent la restauration de l'église Saint-Léger qui était en très mauvais état et, au sujet de laquelle la Régence avait déjà fait faire par le sieur Peter, architecte juré en résidence à Colmar, une expertise minutieuse et dresser un plan d'aggrandissement. L'intervention de la Couronne de France dans la question de l'entretien des bâtiments destinés au culte dut être très efficace. Ce qui nous le fait supposer, c'est le fait suivant : en 1772, les poids de l'horloge de l'église Sainte-Affre à Riedisheim s'étant détachés et ayant enfoncé le plafond de la nef et abîmé le maître-autel, la commanderie de Rixheim, craignant de s'attirer de nouveaux reproches de la part des officiers de la Régence, se hâta de faire réparer les dommages causés par l'accident; on chargea de ce travail Samuel Köchlin, alors économe du Chapitre de Bâle à Mulhouse, auquel elle paya de ce chef le 16 mars 1773 la somme de 300 Louis d'or neufs. Suivant un relevé figurant dans les papiers de l'Ordre et portant la date de 1774 le montant des réparations faites pour la commanderie de Rixheim aux églises, chapelles et presbytères qu'elle détenait s'éleva à 50 000 liv. st. de Bâle, y compris la « nova campanula » ou « petite cloche neuve » dont ils dotèrent l'église Saint-Léger et dont les parrains et marraines furent en cette circonstance le baron Kempf d'Angreth, Commandeur de l'Ordre à Rixheim et la noble dame Véronique de Flachslanden, abbesse sérénissime du cloître d'Ottmarsheim[1].

VII. *Première liquidation.*

Ces charges qui pour l'Ordre devenaient de jour en jour plus lourdes par suite de la moins-value des revenus en nature, réduisirent la commanderie à se débarrasser en partie des bâtiments de sa maison à Mulhouse, lesquels sans rien lui rapporter, lui occasionnaient tous les ans des frais d'entretien inutiles. Déjà en 1774, dans le synode provincial qui se tint à Althausen et auquel assistèrent le marquis de Reutner, coadjuteur, le baron d'Eptingen, conseiller du bailliage à Mergentheim, le baron de Rothberg, Commandeur de Fribourg en Brisgau, le marquis de Ramschwoog, Commandeur à Hiltz-

1. Liber paroch. 1780. Arch. Rixh.

kirch, le baron Kempf, Commandeur à Rixheim, Mulhouse et Bâle, et le marquis Stützel de Buchheim, Commandeur des maisons d'Andlau, Strasbourg, Roufach, Kaysersberg et Guebviller, l'ordre du jour porta sur la question de la vente des maisons de la confrérie situées en Alsace et desquelles il serait opportun de se débarrasser. Questionné à ce sujet, le Commandeur Kempf de Rixheim répondit que des propositions lui avaient été faites au sujet de la maison de Mulhouse, mais qu'il n'avait pas cru devoir traiter définitivement, attendu que c'était au chapitre de l'ordre à décider, s'il était préférable de céder la commanderie de Bâle ou celle de Mulhouse[1]. Après mûr examen de la question, il fut convenu d'un commun accord, que la ville de Bâle offrait infiniment plus de sécurité et de ressources pour les chevaliers dans des temps de guerres ou de troubles, ce qui fit voter la vente de la commanderie de Mulhouse et la conservation de celle de Bâle. L'année suivante, le 3 octobre 1775, les pourparlers entre le Commandeur de Rixheim et les amateurs de Mulhouse avaient été de nouveau entamés, mais les deux parties ne purent tomber d'accord sur les conditions de vente faites par la confrérie. Celle-ci posait la condition *sine qua non*, qu'en vendant les bâtiments y compris la chapelle, elle se réservait le droit d'en rebâtir une autre dans la suite si le besoin s'en ferait sentir. Cette clause du contrat donna lieu entre le Commandeur Kempf de Rixheim et la ville de Mulhouse à une très longue correspondance dont les principales lettres sont datées des

1. « Ob es sich fürthin noch keine gute Gelegenheit gegeben eines deren « Ordenshäuser zu Basel oder Mulhausen erkauflich anzubringen. Es wird aber « in Bedacht zu nehmen seyn, welches von Mulhausen oder Basel, da letzteres « seiner Lage halber dem hohen Orden viel anständiger, insbesondere in « Kriegszeiten eine sichere retirade dahin zu nehmen ist. (Fonds. Ord. teut. « Rixh.)

12, 26 et 28 mars 1776. Finalement l'Ordre céda aux exigences des gens de Mulhouse, lesquels nommèrent une commission formée par le bourgmestre Cornetz, Jérémie Hofer, Pierre Rissler, Sébastien Spörlein et le licencié en droit Mieg, qu'ils chargèrent d'étudier la question dans l'intérêt des deux parties contractantes. Après mûre délibération, la commission trouva que l'acte de vente pouvait être immédiatement signé « attendu, est-il « dit dans le procès-verbal, que les conditions de vente « ne portent aucune atteinte aux privilèges et franchises « de la ville, ni aux droits communs de la Confédération « helvétique, ni aux traités que cette dernière avait avec « la Couronne de France. »

Mais, déjà à cette époque, les idées perturbatrices d'une réforme politique et religieuse se faisaient pessentir et sapaient sourdement à sa base une monarchie vacillante et pervertie à tous les points de vue. Les hauts dignitaires de l'Ordre teutonique durent sentir qu'un effroyable cataclysme allait se produire dans un délai plus ou moins rapproché, et, avec une saine et intelligente prévoyance, le chapitre syndical résolut de fonder pour tous les bâtiments de l'Ordre en Alsace, une assurance collective contre les risques de guerre et d'incendie. — Ce fut le provincial de l'Ordre en Alsace, le baron Reutner de Weyl qui, dans une lettre datée du 14 juillet 1787, annonça à tous les commandeurs qui dépendaient de son autorité, qu'il avait été décidé au dernier chapitre tenu à Althausen en mai précédent, qu'il serait fondé une caisse d'assurances pour couvrir les maisons de l'Ordre situées dans le bailliage d'Alsace et de Bourgogne, lesquelles avaient été estimées à un million de florins. Selon lui les bases de cette assurance étaient :

1° Cotisation annuelle à verser par chaque commanderie, proportionnellement à l'estimation minima de ses bâtiments.

2° Placement desdites cotisations, à intérêts composés, aux fins de créer un fonds de réserve et d'amortissement. Pour arriver à ces résultats le provincial mande à ses commandeurs qu'ils aient à lui remettre dans le plus bref délai les inventaires d'estimation des maisons confiées à leurs soins « afin, dit-il, de pouvoir établir « dans le courant de la même année, le montant des co- « tisations à verser par chacun d'eux[1] ».

Ce système d'assurance ne fonctionna pas longtemps, car la noblesse qui jalousait le clergé et les ordres religieux, lesquels tant alsaciens qu'étrangers possédaient d'immenses biens dans le pays sans être assujettis à l'impôt foncier, avait eu par l'édit du 12 juillet 1787 déjà, un commencement de satisfaction et de vengeance par la création des assemblées provinciales en Alsace. — Pour former ces assemblées la province d'Alsace fut divisée en 6 districts, composés d'un certain nombre d'anciens bailliages, lesquels pour le Haut-Rhin eurent pour chefs-lieux Colmar, Huningue et Belfort. L'activité de ces assemblées se fit sentir dès l'année suivante, par la rédaction des cahiers de revenus de la noblesse et du clergé tant séculier que régulier de chaque commune. A Rixheim ces mêmes cahiers furent dressés en partie le 29 mai et le 29 juin 1788, et comportèrent tant pour la commanderie que pour les maisons nobles et les étrangers possédant des propriétés audit lieu :

1. Lettre sur pap. autogr. signée Reutner de Weyl datée d'Althausen et adressée au Commandeur Kempf à Rixheim. Ire Part. A n° 12. H. portant comme titre : « Feuerversicherung » der löbl. Commenthurey-Gebäude. (Fonds, Ord. teut. Rixh Arch. du Ht-Rhin.)

1° Relevé des terres franches dites « Freygüter » portant sur les champs, prés et vignes de la commanderie à Rixheim et s'élevant à 20 985 liv. st.[1] comme valeur territoriale.

2° Etat des redevances et dîmes privilégiées ressortant de la commanderie à la taxe de Mulhouse et s'élevant pour le banvin à 32 mesures de vin et pour les blés à 28 réseaux.

3° Revenus de la commanderie en espèces se montant à 5620 liv. st. 12 sch. 4 deniers de rentes.

4° Etat des redevances des terres franches appartenant aux hospitaliers de Saint-Jean ci-devant à Thann et s'élevant à 274 liv. st. de rentes.

5° Etat des revenus de la cure de Rixheim se montant à 290 liv. st. de rentes.

6° Relevé territorial des propriétés aux nobles de Zu Rhein, de Besenwald, du couvent des dames d'Ottmarsheim, des chapelains, et de la Collégiale de Bâle, se chiffrant à 1042 liv. st. 5 sch. 8 deniers de rentes.

7° Etat des propriétés appartenant à des bourgeois de Mulhouse et d'Illzach et s'élevant :

en vignes à	5337	liv. st.
en prés à	804	» »
soit en tout à	6141	liv. st. de rentes.

8° Relevé des biens des seigneurs de Rougemont, des religieux de Lucelle, de la ville de Bâle, des nobles de Huningue, des comtes de Müllenheim et de ceux de Neubourg, lesquels furent taxés à 2995 liv. st. 2 sch. de rentes. Ces relevés furent remis à une commission qui avait été installée dans chaque district de la province, aux

1. Protocol. der Gemeinde Rixh. du 29 mai 1788.

fins d'étudier la question des impôts dont devaient être frappés les détenteurs de biens privilégiés, et laquelle devait présenter ses cahiers de doléances à l'assemblée provinciale qui devait se tenir à Belfort le 28 mars 1789. Tous ces cahiers dits des « Trois Ordres » exprimaient à peu près les mêmes vœux pour la commune de Rixheim que pour celles du restant de l'Alsace et mentionnent entre autres l'obligation pour les souverains ou princes étrangers, seraient-ils religieux ou laïques, de se soumettre aux mêmes impôts que les nationaux. Mais ces vœux n'arrivèrent pas à se réaliser, car le mouvement populaire qui venait d'éclater en Provence, gagna rapidement toutes les provinces de l'Est et avec elles la Haute-Alsace où les paysans de Guebviller et de Saint-Amarin donnèrent les premiers le signal de la révolte.

VIII. *La Commanderie de Rixheim et la Révolution française.*

Pendant la période révolutionnaire de 1790 à 1794, nous perdons pour ainsi dire toutes les traces qui pourraient nous aider à connaître les destinées de la commanderie de Rixheim et de ses chevaliers ce qui nous fait présumer, et peut-être avec raison, que ces derniers se retirèrent à Bâle où ils étaient en sûreté. Force avait été aux chevaliers de gagner un pays neutre pour se soustraire au décret rendu le 17 juillet 1791 et appliqué rigoureusement dans tous les districts de Colmar, lequel portait :

1° Tous les ecclésiastiques non assermentés, soit collateurs ou desservant de cures sont tenus de quitter le lieu de leur résidence sous peine d'y être contraints par l'emploi de la force publique.

2° Les religieux qui auraient abandonné la vie commune, sont tenus de quitter l'habit religieux de leur ci-devant ordre[1].

Toutefois ces deux articles concernaient tout particulièrement les prêtres français et non ceux étrangers, ce qui motiva, pour que leur application puisse être généralisée, la modification des deux § précités par l'addition des articles 4, 11 et 12, lesquels portaient: « que tous les prêtres séculiers ou réguliers résidant dans le Haut-Rhin et non assermentés, auraient à se rendre soit à Colmar pour y prêter serment ou à quitter le pays, et à s'établir à dix lieues de marche des frontières ». En ces temps aucune exception ne fut faite et l'obligation de prêter le serment civique, fut imposée aux ministres de tous les cultes[2]; car, à cette époque nous trouvons mentionnés la prestation de ce serment par Jacques Meyer, ministre du culte hébraïque à Rixheim.

Les chevaliers de l'Ordre teutonique qui étaient compris dans la catégorie des prêtres étrangers s'étaient mis prudemment à l'abri dans la ville neutre de Bâle, où ils avaient pu faire transporter en temps opportun les archives de l'Ordre et les objets les plus précieux qui se trouvaient dans les caveaux de la commanderie de Rixheim; et, de là ils pouvaient suivre les événements politiques qui se déroulaient en pays de France, et qui malheureusement pour eux devaient causer leur ruine totale.

En 1792, la République était attaquée de tous les côtés, et pour se défendre avait été obligée de jeter la majeure partie de ses troupes sur les frontières du Rhin;

1. Hist. de la Révol. franç. dans le Dépt du Haut-Rhin, par Véron-Réville, Colmar 1865, p. 66-67.

2. Verwaltungsakt. D. Rathsprot, Gemeinde Rixheim. 1791-1793.

elle dut même, l'année suivante, par une levée extraordinaire de 300 000 hommes dont 3600 pour le Haut-Rhin la renforcer et résister à la plus terrible coalition qui eut jamais menacé la France. Pour faire face à tant de périls, la République ne pouvait compter que sur le patriotisme de ses enfants, qui tous se donnèrent sans hésiter et avec enthousiasme à leur patrie.

Mais que de tribulations et de privations n'attendaient pas les malheureux « sans-culottes ». Le dénuement le plus complet régnait dans l'armée, et les enfants de la République manquaient d'habillements et de pain, et restaient exposés à l'intempérie des saisons. Grâce à ce triste état de choses les volontaires du Haut-Rhin ne tardèrent pas à être décimés par les maladies, qui du reste n'avaient jamais cessé de régner depuis le commencement de la campagne. Dès le 28 janvier 1793, le général Lesert commandant le camp et l'armée de Hesingen, avait demandé au commissaire des guerres de mettre à sa disposition des locaux propres à recevoir les malades, « at-« tendu, dit-il dans une lettre datée du 21 janvier suivant « que le nombre des malades augmente journellement, « et la rigueur de la saison ne permet pas de les trans-« porter dans les hôpitaux de Colmar et de Molsheim »[1].

Le Directoire du Haut-Rhin, ému des lettres pressantes que lui adressaient, non seulement le général Lesert, mais aussi ceux d'Harambure et Fossés, se basa sur la sécularisation des édifices religieux pour satisfaire aux besoins de l'armée et affecta d'office au service des malades du camp de Hesingen, les bâtiments du couvent des Récollets de Louppach à Huningue.

1. Fonds de la Révolution. Liasse hôpit. milit. Arch. du Haut-Rhin.

IX. *Nouvelle affectation de la Commanderie.*

Mais le nombre des malades allait toujours croissant, ce qui força les autorités militaires à chercher d'autres locaux en-dehors du cercle de Huningue et, leur choix se porta sur les vastes bâtiments de la Commanderie de Rixheim, lesquels depuis 1792 servaient de prison à des suspects qui, lorsqu'arriva l'ordre du Directoire de transformer la Commanderie en hôpital, furent transportés sous l'escorte du capitaine Mairy, commandant la brigade de gendarmerie nationale du District d'Altkirch, au couvent des capucins à Landser et à la maison nationale de Heidwiller. La nouvelle destination de la commanderie étant votée, le citoyen Pâris, commissaire ordonnateur de la division du Haut-Rhin, après examen de la question et après avoir fait l'inspection des lieux, déclara les bâtiments propres à devenir un hôpital, à la condition que les transformations et réparations nécessaires y seraient faites. Le Directoire du District du Haut-Rhin accéda pleinement à la demande du citoyen Pâris, lequel, à la date du 30 mai 1784 chargea d'office le citoyen Noilly, alors architecte du même district, de faire les réparations jugées urgentes dans le plus bref délai, « attendu, est-il dit dans le rapport, que les malades ne « peuvent plus être évacués sur les départements du « Doubs et de la Haute-Saône, ceux-ci étant déjà trop « encombrés ».

La situation sanitaire des troupes était comme on le voit gravement compromise; aussi le Directoire, aux fins de hâter le fonctionnement de l'hôpital de Rixheim, rendit le 1er juin suivant, l'arrêt ci-après :

1° Les municipalités de Rixheim et de Habsheim auront à fournir pour les réparations à entreprendre à la commanderie du dit lieu, les pierres, le sable, les tuiles et les briques et à charrier ces matériaux aux endroits voulus.

2° Le citoyen Noilly, architecte du district, qui est chargé de la conduite des travaux, est autorisé à faire couper dans les forêts nationales de la Hart tout le bois de construction dont il aurait besoin, lequel bois sera taxé et payé au prix du Maximum [1].

3° Le sus-nommé aura le droit d'acheter aux prix du Maximum également, soit environ 2000 lattes et autant de planches dans les communes du canton de Ferette, lesquelles communes sont également chargées de les conduire à Rixheim aux lieux de construction. »

Les travaux commencèrent le 20 juin et durèrent jusqu'au 25 décembre 1794. Les dépenses s'élevèrent y compris 50 liasses de verre à vitre fournies par Bozac Weill, un négociant israélite de Blotzheim (selon décompte fourni le 15 février 1795 par le citoyen Schwartz membre du Directoire du district d'Altkirch) à 71402 liv. st. 19 sols. Ces réparations mal comprises d'une part et très-mal exécutées de l'autre, ne remplirent de longtemps pas le but qu'on s'était proposé, car lorsque le citoyen Zeguilius qui avait succédé au citoyen Pâris, en qualité de com-

1. La loi du Maximum fut votée par la Convention nationale le 11 avril 1793, et portait que le prix de tous les achats, marchés ou inventaires pour le service de l'Etat serait à partir de ce jour stipule en sommes fixes en assignats, et déterminait la nature du paiement de la solde des troupes tant de terre que de mer. Le 16 avril suivant, cette même loi fut confirmée par la stipulation formelle que les transactions ne pourraient désormais contenir d'autres obligations qu'en assignats.

(Tome 19. Liv. st. XIV. 85 - 105. BXXIX 58—72 XI. 481. 482. Arch. du Haut-Rhin.)

missaire ordonnateur de la 5e division, vint à Rixheim inspecter l'état des bâtiments, il ne put cacher le vif mécontentement qu'il éprouvait de l'incurie de son prédécesseur, et c'est en termes formels, dans une lettre du 12 mars 1795, qu'il adressa au Directoire d'Altkirch l'expression de son mécontentement. Sa déclaration mérite d'être citée: « Les constructions qui ont été faites dans la com« manderie de Rixheim, ont rüiné un beau bâtiment, que « des dépenses peu considérables, si elles avaient été bien « calculées, eussent pu mettre en état de servir à l'usage « auquel on l'avait destiné ». Le Directoire justement ému par les considérants nets et précis qui lui étaient présentés par le commissaire ordonnateur, et, craignant d'être accusé de négligence, délégua le 17 octobre suivant un de ses membres, le citoyen Schwartz, auquel furent adjoints les citoyens Zeller, de Landser et Bergmann, de Hombourg, tous deux architectes, pour procéder sur les lieux à une expertise minutieuse de l'état des bâtiments, et pour s'assurer du bien-fondé des assertions émises par l'ordonnateur Zeguilius. Dans le procès-verbal dressé par cette commission, qui releva toutes les transformations faites jusque dans les moindres détails, il est mentionné à la rubrique « Etat des bâtiments avant qu'il y ait été pratiqué des changements » :

« Les bâtiments consistaient en un corps de logis « composé d'un rez-de-chaussée et d'un étage soutenu « par un mur de soutien, élevé tout le long du bâtiment « jusqu'à l'entrée des champs de force de la charpente « de la mansarde, et, divisés en chambres, par cinq murs « de refend transversaux.

« L'aile droite était composée d'un pressoir, de deux « écuries, d'un passage, d'une chambre à harnais et du « logement du receveur.

« L'aile gauche comprenait une cuisine, un garde-« manger et quelques petits locaux sans destination « fixe. »

Plus loin, le même document qui est, comme il est dit, très explicite, relate l'état des mêmes bâtiments après les réparations, et quelques passages nous semblent offrir assez d'intérêt pour que nous nous permettions de les reproduire textuellement :

« Il n'a pas, y lisons-nous, été touché au rez-de-chaussée « du corps de logis, mais les cinq murs de refend trans-« versaux ont été abattus jusqu'au plancher du premier « étage. Le mur de refend allant tout le long du bâti-« ment a été percé, et, il y a été pratiqué six arcades de « manière que le premier ne forme plus qu'une seule « salle, pouvant contenir 52 lits. Une même salle avait « été faite des mansardes, et à cet effet on avait prati-« qué 28 croisées dans la charpente desdites. En outre « on construisit, attenant au bâtiment, des latrines aux-« quelles on pouvait communiquer de toutes les parties « du bâtiment.

« L'aile droite des dits bâtiments a été sur un plan « présenté et approuvé par le citoyen Pauly commissaire « des guerres, distribuée en une salle de bain et en douze « appartements pour les officiers de santé. Pour atteindre « ce but, on éleva tous les murs de 7 à 8 pieds hors « de terre, toutefois le premier plan, ne fut pas mis en-« tièrement à exécution, car un contre-ordre donné en « dernier lieu fit convertir la future salle de bain en une « chambre de malades à laquelle fut ajoutée une chambre « mortuaire.

« L'aile gauche par contre reste telle qu'elle était, « excepté que l'on y établit un four à pain et, que l'on

« fit quelques réparations indispensables pour la rendre « propre au service de l'hôpital.

« Outre cela on construisit dans la basse-cour une « buanderie, une nouvelle remise et un logement pour « la lingère. »

Il n'y a pas lieu de s'étonner de la somme exorbitante que coûtèrent les transformations opérées aux bâtiments de la commanderie, quand on voit comme conclusion, le citoyen Schwartz, chef de la commission d'expertise, déclarer « que toutes les réparations ont été « faites simplement sur des plans approuvés par les com- « missaires des guerres, et sans qu'il en ait jamais été « dressé de devis de construction ou d'estimation. Observe « encore que si les réparations avaient été faites par l'ad- « judication au rabais, il y aurait eu une économie de la « moitié au moins de la dépense. »

Quant au ravitaillement de l'hôpital de Rixheim, il se faisait difficilement, car sous la gestion déplorable du citoyen Firino les malheureux soldats de la France manquèrent maintes fois même de pain et du strict nécessaire. La situation de l'hôpital était au commencement de l'année 1795 tellement précaire que le général de brigade Courtot, commandant la division du Haut-Rhin, dut faire procéder à une enquête sur la conduite de l'administrateur Firino qui, trouvé coupable de négligence, fut traduit devant un conseil de guerre, dégradé et remplacé dans ses fonctions par le citoyen Schmalzer.

D'après un relevé dressé par le nouvel administrateur Schmalzer, lors de son installation dans ces délicates fonctions, il lui fallait par décade en subsistances :

18 livres de beurre frais,

5 douzaines d'œufs,

25 livres de saindoux,
30 sacs de froments, 1re qual., et
6 » d'orge 1re qual.;

« lesquelles denrées, dit le citoyen Schmalzer, ne peuvent « plus être réquisitionnées dans les environs, attendu que « les villages de Rixheim, Eschentzwiller, Zimmersheim, « Battenheim, Wittenheim, Kingersheim, Richwiller, « Riedisheim, Dornach, Pfastatt, Sausheim, Ruelisheim « et Baldersheim, sont complètement épuisés, ayant déjà « fourni dans les deux décades précédentes:

« 46 douzaines d'œufs,
« 162 livres de beurre frais,
« 25 livres de saindoux, et
« 108 sacs de froment. »

L'état des campagnes devait être en 1795 également déplorable, car d'après un relevé dressé le 9 thermidor courant,

9637 bêtes de trait,
400 000 quintaux de foin,
300 000 » de paille, et
70 000 » de grains, avaient été pris ou réquisitionnés sans qu'aucune indemnité ait été allouée aux propriétaires de la part de l'Etat.

X. *Vente définitive de la maison de la commanderie.*

Mais, peu à peu l'exaltation des masses s'était peu calmée, ce qui amena la Convention à accorder un certain nombre de concessions religieuses et de décréter, « que le culte pourrait être rétabli dans les édifices « religieux, à la condition toutefois que les ministres « aient fait leur soumission aux lois de la République. »

Cette trève permit au Commandeur Kempf de revenir à Rixheim, où il espérait pouvoir, en sa qualité de bourgeois de Mulhouse, séjourner comme antérieurement. A cet effet le baron Kempf adressa le 30 septembre 1795 au Magistrat de la ville une longue supplique, dans laquelle il demande qu'il lui fut délivré un acte authentique, constatant qu'il était depuis de longues années Commandeur de la maison de l'Ordre teutonique à Mulhouse et, qu'à ce titre, il jouissait de certains droits de bourgeoisie indiscutables. Suivant lui, le certificat désiré devait comporter qu'il était bourgeois de la ville, non pas comme Commandeur de l'Ordre, mais bien comme simple particulier qui possédait des terres, des forêts, des vignes et même une maison au dit lieu. Le Commandeur terminait sa lettre, en émettant l'espoir que le magistrat ne lui refuserait pas cette faveur, et l'assurait que l'acte en question lui serait personnel et ne pourrait plus après sa mort être transmis à aucun membre de sa famille.
« Je fais cette démarche auprès de vous -- ajoutait encore
« le Commandeur — pour assurer à ma nombreuse famille
« dont plusieurs membres sont dénués de ressources, mon
« patrimoine et le fruit de mes épargnes. Je suis vieux et
« débile, et veux autant qu'il est en mon pouvoir éviter
« à mes héritiers les désagréments et les contrariétés que
« ne manqueraient pas de leur causer les personnes qui
« sont mal portées pour eux et pour moi, et qui m'ont
« déjà dénoncé au Directoire comme ayant quitté la com-
« manderie de Rixheim et celle de Mulhouse pour émi-
« grer[1]. »

1. « Und nach meinem Tod, meiner ohnedass schon wenigbemittelten
« zahlreichen Familie ruhig gelassen werden, und selbe nichts verlieren, wel-
« ches Unglück einige wenige übel gesint, mir haben verursachen wollen, als
« wenn ich emigrirt wäre.
(Autog. s. pap. signé Arch. Mulh.)

Le sénat saisi de la question, nomma une commission spéciale chargée d'examiner le bien-fondé de la revendication des droits de bourgeoisie, par le Commandeur de Kempf. Le rapport fut en principe favorable au demandeur, mais, par précaution, il fut convenu que le certificat demandé, devait lui être accordé non comme le demandait le baron de Kempf à titre de citoyen privé, mais bien comme Commandeur de l'Ordre teutonique. Le Grand-Conseil qui s'était rangé aux arguments des membres de la commission, décréta dans sa séance du 28 octobre suivant : « Attendu que les anciens et nouveaux règlements et statuts de notre ville de Mulhouse, ne mentionnent pas le droit formel revenant aux chevaliers de l'ordre teutonique ou à ses mandataires de revendiquer le droit de franche bourgeoisie dans toute l'acceptation du mot, il est chose reconnue et probante :

« 1° Que le même Ordre, vu qu'il possède depuis des « temps immémoriaux une maison située dans l'enceinte « même de nos murs, laquelle est gérée et habitée en par- « tie par un économe pris parmi nos bourgeois.

« 2° Que le dit Commandeur, en dehors de sa rési- « dence à Rixheim a le droit de venir habiter en ville à « son gré.

« 3° Que l'Ordre possède en la banlieue de la ville le fief « héréditaire et perpétuel dit « Deutschordenerblehn », « perçoit en outre des rentes en nature et en espèces, ex- « ploite le tiers d'une forêt communale, et possède de « nombreuses vignes, reconnaît :

« Qu'il n'existe aucun motif pour refuser au Com- « mandeur de Kempf un simple certificat de bourgeoisie « sur papier libre, afin qu'il puisse jouir librement des

« droits octroyés en pareil cas, sans toutefois lui accorder « le droit de bourgeoisie par un acte formel et officiel. »

Il est fort à supposer que le certificat délivré par les autorités mulhousiennes ne fut pas de grande utilité pour le Commandeur, qui dans le courant de la même année dut quitter l'Alsace, pour se retirer en Autriche, sans avoir pu rentrer en possession de la commanderie de Rixheim, laquelle garda jusqu'au 15 février 1796 sa destination d'hôpital, et fut après comprise dans la vente des biens nationaux en vertu de la loi du 18 mars 1796.

Epilogue.

Le lot comprenant les biens de la commanderie qui fut mis aux enchères, consistait dans les bâtiments, en huit journaux de terres labourables, en quatre fauchées de prés et en trois journaux de vignes. Ces propriétés avaient été conformément à l'article VIII de la loi du 10 septembre 1796, suivant un procès-verbal dressé par Joseph Wilhelm de Brunstatt et Henri Boutsch de Habsheim, tous deux experts nommés par délibération du département du Haut-Rhin, estimés à 34 000 liv. st. Plusieurs amateurs se présentèrent ; entre autres :

1° Jean Eck de Cernay, qui agissait de concert avec Antoine Struch de Lutterbach, et Joseph Nico de Rixheim en ce qui concernait l'acquisition des terrains, pour lesquels 4000 liv. st. d'arrhes furent déposés.

2° Antoine Struch de Lutterbach, pour les bâtiments seuls, déposa à la Perception des Domaines à Colmar 15 000 liv. st.

3° Joseph Wälterlé de Heimsbrunn, pour les bâtiments seuls, versa à la même Perception 15 000 liv. st.

4° Pierre-Louis Riff de Pfastatt, pour les bâtiments seuls, avança à son tour 15 000 liv. st.

A l'ouverture des soumissions, le sieur Antoine Struch d'un côté et Jean Eck et Joseph Nico ayant fait la dernière surenchère, la totalité des biens de la Commanderie fut adjugée à Antoine Struch pour la somme de 21 896 liv. st. 2 sch. pour le lot des bâtiments et de 4176 liv. st. pour les terrains, ce qui en totalité représentait la somme de 26 072 liv. st. 2 sch. L'acte de vente en fut délivré le 19 ventôse de l'an 5 ou 19 mars 1797, pardevant les administrateurs du Haut-Rhin, agissant au nom de la République, en vertu de la loi du 28 ventôse et du consentement du Directoire exécutif[1].

Quant aux stipulations formelles, faites à l'acquéreur, elles furent :

1° De prendre lesdits biens dans l'état où ils se trouvent sans pouvoir par lui exiger aucune indemnité pour défaut de mesure, dégradations ou détériorations quelconques, sinon contre le fermier, ainsi qu'aurait pu le faire la Nation elle-même aux droits de laquelle il est subrogé ; mais sans aucun recours à cet égard contre la République vendeuse.

2° De ne pouvoir exiger d'autres titres de propriété que ceux qui pourront lui être remis amiablement ; pareillement sans aucun recours pour raisons de titres et pour erreurs dans les tenants et aboutissants.

3° De payer les vacations d'experts et de commissaires, papiers et enregistrement et 1/2 % du montant du prix principal.

1. Contrat n° III. E. Ventes des biens nationaux. Liasse. Révol. franç. (Arch. du Ht-Rhin.)

4° De payer également le montant de la vente à la République, entre les mains du Receveur des domaines territoriaux et nationaux à Colmar[1].

L'ancienne Commanderie se trouvait ainsi exposée à être démolie et à disparaître comme tant d'autres propriétés déclarées nationales pendant la grande Révolution française et vendues à vil prix. Mais Antoine Struch et consorts ne devaient pas en rester longtemps propriétaires ; en effet, quelques mois à peine après l'adjudication ils revendaient aux citoyens Hartmann Risler et compagnie, fabricants de papiers peints à Mulhouse « les Bâtimens, Jardins, Vergers, situés à Rixheim ainsi que tout est désigné au procès-verbal d'expertise du 24 Fructidor de l'an 4, dépendant de la ci-devant Commanderie de Rixheim », suivant acte de vente dressé par Me Edmond, notaire à Dornach, le 18 prairial an 5 (17 juin 1797.)

Dès cette époque M. Jean Zuber était l'un des associés de M. H. Risler et c'est lui qui fut chargé d'approprier l'ancienne Commanderie à sa destination en y tranférant la fabrication de papiers peints que sa maison exploitait jusque-là à Mulhouse.

Il vint habiter l'ancien appartement de l'économe ou intendant-général Balley-Rath et les belles salles du bâtiment central devinrent des bureaux et des ateliers d'impression, en pleine activité dès l'été 1797[2].

Ici s'arrête l'histoire de la Commanderie de Rixheim. Etrange destinée que celle de la maison qui, quartier-

1. Liasse n° 361. 38 vol. Biens nationaux. Comm. de Rixh. Arch. du Ht-Rhin.

2. Quelques années plus tard M. Hartmann Risler se retirait et cédait sa part de propriété en indivis suivant l'acte de vente passé le 18 Floréal An 10 (8 mai 1804) pardevant M. Edmond, notaire à Dornach, à son associé M. Jean Zuber qui devenait ainsi seul propriétaire de l'établissement installé dans l'ancienne Commanderie de Rixheim.

général des Chevaliers de l'Ordre teutonique dans le Sundgau, abandonnée par les chevaliers lors de la tourmente révolutionnaire, prise en tutelle par la nation, suit l'évolution économique et devient une fabrique dans un siècle qui sera appelé le siècle de l'industrie. A l'encontre de tant d'autres édifices d'un caractère historique qui sombrèrent avec la monarchie, la maison de l'Ordre teutonique à Rixheim est restée debout; abandonnée par ses maîtres, elle recommence avec un monde nouveau une nouvelle existence. Et il semble qu'elle porte bonheur à ceux qu'elle abrite aujourd'hui, car la fabrique de papiers peints de Rixheim prospère depuis tout un siècle et est universellement connue. Puisse cette prospérité se poursuivre, mais puissent aussi les nouveaux maîtres de l'ancienne Commanderie respecter ses murs; ils ont un caractère historique dont l'importance croîtra avec les ans.

LISTE

DE COMMANDEURS ET DE CHEVALIERS DE L'ORDE

des 2e et 3e périodes.

1530. — Georges d'Andlau, Com. O. T., Mulhouse.

1570-1574. — Georges Henri d'Andlau, Com. O. T., Mulhouse.

1590. — Conrad de Louffenberg, Com. O. T., Mulh.

1600. — Joh. Seegmüller, chevalier, O. T., Rixheim.

1601. — Joh. Friedmann, chevalier, O. T., Rixheim.

1602. — Joh. Steffan, chevalier, O. T., Rixheim.

1617. — Sigismond Gölterlin, chevalier, O. T., Rixh.

1628. — André Hösch, chevalier, O. T., Rixheim.

1698. — Baron de Reinach, Com. à Rixheim.

1700. — Baron de Ferrette, Com. intérimaire à Rixheim.

1717-1722. — le même Com. en titre à Rixheim.

1723. — Ignace, marquis de Roll, Com. à Rixheim.

1734. — Jean-François de Schönau, Com. à Beuggen et Com. intérimaire à Rixheim.

1749-1768. — Baron de Schauenbourg, Com. à Rixh.

1769-1797[1]. Marquis Kempf d'Angreth.

1. En 1790 les commandeurs et chevaliers appartenant au bailliage d'Alsace et de Bourgogne étaient :
Beat Conrad Philippe Reutner de Weyl, Com. d'Alsace et de Bourgogne, en résidence à Althausen.
Alexandre Joseph de Buchheim, Com. à Fribourg en Bade.
François Ferdinand, marquis de Ramschwoog, Com. à Hiltzkirch.
Célestin Octavien, marquis Kempf d'Angreth, Com. à Rixheim, Bâle et Mulhouse.

Nicolas François Charles Fridolin, marquis de Schönau, Com. à Magnau.
François Joseph, marquis de Lerchenfeldt, Com. à Beuggen.
Chrétien Frédéric Philippe, Truchsess de Rheinfelden-Rappolsweyer, Com. à Roufach et à Guebwiller.
Antonin Fidèle, marquis de Hornstein-Göfingen, Com. à Andlau, Strasbourg et Kaysersberg.
Frédéric Charles, marquis de Lansberg, Com. à Rohr et Waldshut.
François Fidèle de Trüchsess, Reichs-Erb de Waldenbourg de Weyl-Wurzog, cheval. O. T.
François Philippe Ignace Jean Blarer de Wartensee, cheval. O. T.
François Joseph Antoine Philippe Jacques Ignace Léon, marquis de Reinach, cheval. O. T.
Conrad Joseph Sigismond Charles, marquis de Reich de Reichenstein, cheval. O. T.
François Henry Charles, marquis de Reinach, seigneur de Foussemagne et de Montreux, cheval. O. T.

(Almanach des Jahres Christi MDCCLXXXX, sous le règne de Joseph II. et sous Beat Reutner de Weyl, Gd-Com. — Bibl. Colm. I. Ch. 3492.)

Guide monétaire pour l'ancien diocèse de Bâle

d'après HANAUER.

Monnaie dite « de Bâle »

	La livre Stebler valait	le Schilling :	le denier :	le florin de compte :
	Frs.	Frs.	Frs.	Frs.
En 1336 – 1341	31.75	1.585	0.133	—
» 1342—1343	80	4	0.333	—
» 1344—1361	65	3.25	0.27	—
» 1362—1369	95	4.75	0.4	—
» 1370—1372	78	3.90	0.325	—
» 1373—1374	65	3.25	0.27	—
» 1375—1376	90.50	4.525	0.375	—
» 1377—1386	46.25	2.31	0.2	—
» 1387—1392	43.75	2.18	0.18	—
» 1393—1403	37.50	1.875	0.156	—
» 1404—1417	41.25	2.06	0.17	—
» 1418—1450	35	1.75	0.15	—
» 1451—1475	33.75	1.68	0.14	—
» 1476—1500	30	1.50	0.125	—
» 1501—1525	28.75	1.44	0.12	—
» 1526—1541	19.60	0.98	0.08	—
» 1542—1550	17.60	0.88	0.07	22
» 1551—1575	12.50	0.625	0.052	15.625
» 1576—1600	8.60	0.43	0.035	10.75
» 1601—1619	7.40	0.37	0.03	9.25
» 1620	5	0.25	0.02	6.25
» 1621	4	0.20	0.027	5
» 1622 crise	—	—	—	—
» 1623, 26 juin	7.40	0.37	0.03	9.25
« 1626—1650	5	0.25	0.02	6.25
» 1651—1675	6.65	0.33	0.03	8.30
» 1676—1681	5	0.25	0.02	6.25
» 1682—1700	4	0.20	0.017	5
» 1701—1709	4.50	0.225	0.019	5.625
» 1710—1775	3.33	0.166	0.014	4.15
» 1776—1800	2.50	0.125	0.01	3.125

NOTE. Le pouvoir d'achat était un peu plus que le double des valeurs indiquées.

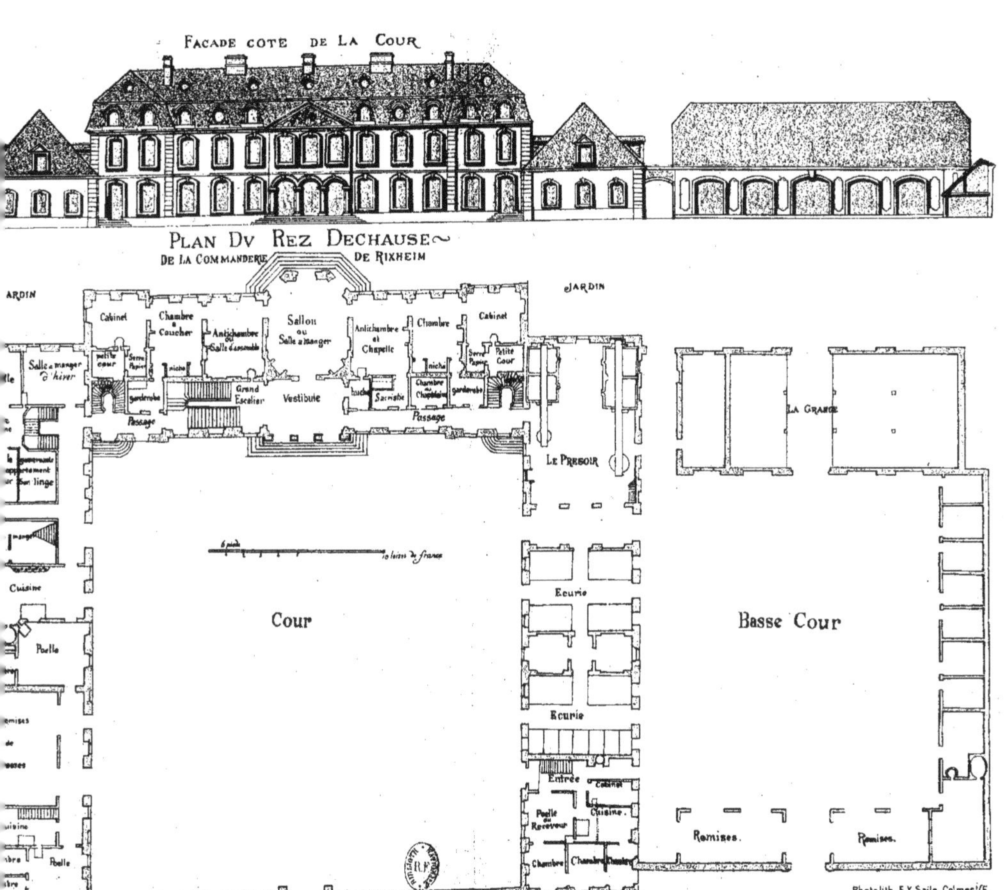

Reproduction d'un plan de 1735, dessiné sur parchemin.

www.ingramcontent.com/pod-product-compliance
Ingram Content Group UK Ltd.
Pitfield, Milton Keynes, MK11 3LW, UK
UKHW012243240726
13966UKWH00003B/1253